- 三流的企业卖产品
- 二流的企业卖品牌
- 一流的企业卖文化

孙军正　王乐平◎著

“文化与人才突破”

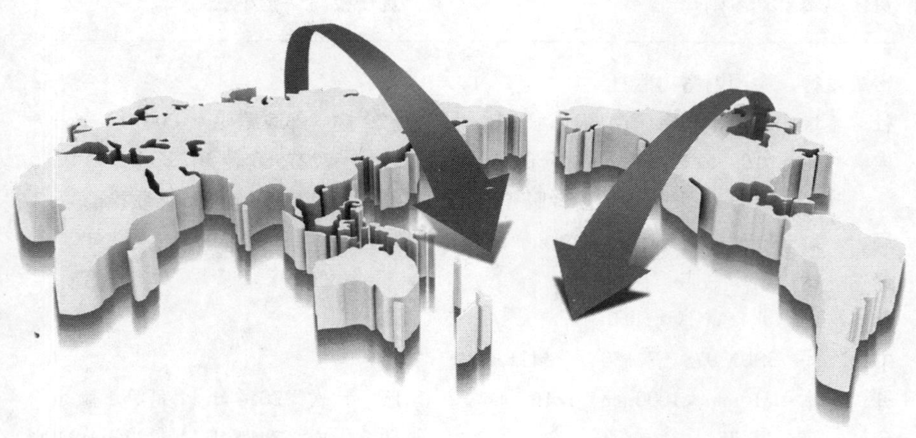

中国财富出版社

图书在版编目（CIP）数据

文化与人才突破/孙军正，王乐平著．—北京：中国财富出版社，2014.11

（企业成长力书架）

ISBN 978-7-5047-5411-0

Ⅰ.①文…　Ⅱ.①孙…　②王…　Ⅲ.①企业文化-研究②企业管理-人才管理　Ⅳ.①F27

中国版本图书馆 CIP 数据核字（2014）第 242736 号

策划编辑　刘淑娟　　　责任印制　方朋远
责任编辑　刘淑娟　　　责任校对　杨小静

出版发行　中国财富出版社
社　　址　北京市丰台区南四环西路 188 号 5 区 20 楼　邮政编码　100070
电　　话　010-52227568（发行部）　010-52227588 转 307（总编室）
　　　　　010-68589540（读者服务部）　010-52227588 转 305（质检部）
网　　址　http://www.cfpress.com.cn
经　　销　新华书店
印　　刷　北京京都六环印刷厂
书　　号　ISBN 978-7-5047-5411-0/F·2257
开　　本　710mm×1000mm　1/16　　版　　次　2014 年 11 月第 1 版
印　　张　14.75　　印　　次　2014 年 11 月第 1 次印刷
字　　数　211 千字　　定　　价　35.00 元

QIYE CHENGZHANGLI SHUJIA

企业成长力书架

编委会

前言

改革开放三十多年来，我国发生了翻天覆地的变化，经济、文化、科技不断地同世界接轨，并逐渐跟上了世界的发展脚步。这给我国的众多企业既带来了机遇，也提出了挑战。

当国内的众多企业家们还在致力于完善企业管理制度、提高企业管理水平时，发达国家的企业却已开始倡导企业文化，提出人才战略的重要性。面对铺天盖地的新理念，国内的众多企业家们陷入了迷茫：文化和人才对企业是否真的那么重要？具体又要如何操作？《文化与人才突破》一书就是要解答企业家们的这些疑问。

正所谓："三流的企业卖产品，二流的企业卖品牌，一流的企业卖文化"。一家成功的企业，需要优秀的产品作为基础、强大的品牌作为保障，但在信息时代的商业竞争中，仅仅依靠优秀的产品、强大的品牌已经无法保证企业能够立于不败之地。真正划时代的企业，会将产品、企业都打上独特的文化烙印，并将这种文化传递给消费者，获得他们的认同。

技术的进步带给各行各业越来越多的发展可能性，在如今的商业世界中，秘密已经越来越少，任何企业都难以再靠一个企业机密、一项技术革新就长期霸占市场领跑者的位置。想在竞争中始终保持前列，就要不断地创新，不断地进步，而人才是创新的源泉，尤其是高科技优秀人才。人才一向被众多企业家所重视，但现如今，人才的重要性已经达到了一个新的高度。没有人才，不要说发展，就连生存都无法保证。企业如今需要的不是少数的优秀人才，而是由一大批优秀人才组成的团队。

市场上出版的有关企业文化建设和企业人才理念的同类型书籍很多，其实，文化与人才是密不可分的，良好的企业文化建设是吸引人才、留住人才的重要精神力量，而优秀的人才也能帮助企业构建更文明的文化形象、更先进的文化理念。因此，笔者将文化与人才作为两大部分放入同一本书中进行详细阐述。

本书包含了文化突破与人才突破两个部分。在文化突破部分中，着重介绍了企业文化的概念，对于企业生存发展的意义，以及具体的缔造企业文化的方法。在人才突破部分中，则通过介绍现代化企业中人力资源管理的方方面面，阐述如何构建企业的战略人力资源管理系统，为企业发展提供人才支持。

在本书的章节中，还设有许多“分享时刻”，有互动、思考、讨论等诸多环节，希望读者在阅读并理解章节内容后，都能按照“分享时刻”的提示做一些实践演练，能够帮助自身加深记忆和理解，并为实际应用打下基础。

在本书的创作过程中，笔者尽可能深入企业文化与人才战略的每一个细节，着眼于企业运营管理的细微之处，希望读者在看完本书的内容之后学习到的不是粗略的理论框架，而是更为翔实的管理技巧，并能真正将之运用到企业管理工作中，实现企业文化与人才两方面的突破。

笔者将自己多年来对于企业文化与人才的相关知识和实践都

毫无保留地倾注到了本书的创作之中，希望能与大家进行一次全面深入的思想交流。真心祝愿您在阅读完本书后能够获得知识与启发，能为您和您的企业带去一些帮助，这是笔者创作本书的最大动机。在此，向所有为了本书的出版辛勤工作的人们，向所有正在阅读本书的读者朋友们致上衷心的谢意！

作 者

2014 年 8 月

目 录

第一部分　文化突破

第一章

做文化——中国企业家的最大短板

有“文才”，无“文化”成了中国企业最严峻的致命伤。如何才能让企业的里程碑越走越远，让文化不再“缺席”，成为无数企业家的一块“心病”。

企业无形的翅膀

在目前国内的商业体制之下，众多的新型企业都在飞速发展中，就像一列飞速行驶的列车一样。但大多数的企业列车却都在中途由于种种原因被“摧毁”了。原因就是它们忽略了企业最关键的“无形的翅膀”——“企业文化”。

有人说：“一个企业如何才能顺畅地运作，并取得巨大成功，主要归结于企业管理的机制”。这句话固然没错，但是仅有管理机制的企业只能达到“动”，而不能达到“永动”。为什么说企业文化是最关键的“无形的翅膀”？难道一个没有企业文化的企业就注定失败吗？

文化是人类社会在实践过程中所产生的精神财富与物质财富的总和。而企业文化则是指企业在发展过程中所产生的具有企业特色的精神财富与物质财富。它是由价值观、处事方式、符号等多方面因素结合产生的一种组织所特有的文化形象。这是商业活动中重要的一部分。

约翰·菲茨杰拉德·肯尼迪曾经把企业文化的要素笼统地概括为以下五个方面。

1. 价值观

价值观是企业文化组成的核心。企业员工会通过自己独有的价值观去分辨是非。它是判断事物好坏的一根不二标杆。对于一个企业来说，员工才是企业的主要血液。所以，员工的价值观是否正确决定着一个企业的“健康状况”。

2. 企业环境

一个优越的工作环境，一个良好的企业口碑，一个明确的经营方向等，这些内部、外部、社会等不同的环境组成了企业环境。企业环境对于

企业的商业活动起到了“指南针”的作用，为企业引导着商业活动方向。

3. 文化仪式

如一次聚会、一场动员大会，或者是对员工的一次特殊奖励等企业所有的文娱活动都算是文化仪式。这是一种提高企业内部成员心神愉悦的方法。企业文化作用于企业员工的身心愉快，而员工快乐的心情又会反作用于企业文化发展的推动。企业文化原本就应该在快乐中渗透。

4. 英雄情结

每个人心中或多或少都存在着“英雄情结”。而企业同样也需要一个“伟人”来建立一种独一无二的企业人格。一个伟大的英雄人物会为企业内部员工起到一个非常直观的模范作用，也同样是企业文化形成和加深的“钥匙”。

5. 文化网络

互联网在当今社会已经全面普及。这种非正式组织创立的公共平台可以切实地反映出企业员工当下的工作目标与工作心态，可以在深入了解内部员工身心状态的同时又能够更好地刺激企业文化的成型。

企业文化作为企业的“永动机”，是商业活动中必不可少的活动现象。强大的企业文化可以规范企业经营的法则，从而让管理者做出最正确的决策。

价值观作为企业文化的核心，也是与商业活动息息相关的重要因素之一。优秀的企业文化所产生的价值观会使内部员工对待不同的事物有着相同的评判，企业管理者与员工都有着等量的价值观念、相同的商业目标。这就形成了一套完整的企业价值准则，还能有效地避免由于意见分歧而导致的各种企业内部问题。

企业文化是企业的一面旗帜，它不仅表现出了一个企业团队的面貌气质，而且也引导着整个企业的正确的前进方向。成功的企业向来都是从实际出发，怀揣着明确的商业目标与精练的营销策略，而这些都是企业文化的产物。

企业的机制是让部分想犯错的人，没有犯错的机会！而企业的文化则是让部分有机会犯错的人，不愿意犯错，两者相得益彰、共存共荣。帮助企业装上“无形的翅膀”，让他们飞起来，是摆在中国企业面前的迫在眉睫的大事。

分享时刻

互动——认识“企业文化”。

思考——企业文化有哪些具体表现？

企业目前具备这些要素吗？

讨论——如何发现寻找企业文化要素？

对于企业目前存在的文化要素如何利用？

对于企业目前不存在的文化要素该如何发掘培养？

注入企业的灵魂

在中国市场中的“芸芸众企”中，企业机制大多已经日趋成熟，并且企业文化的重要性日渐深入每个企业家的骨髓。“文化之魂”已经成为当下企业走向成熟的标志。

企业文化即企业的灵魂，是企业的经营理念。企业文化的核心是价值观，企业内部的每个员工都必须拥有同向的价值观念，才能形成真正的企业凝聚力，才能潜移默化地在企业内部的每个员工心中形成企业文化，并且把“文化之魂”传承下去。

海尔集团总裁张瑞敏认为海尔成功的关键就是注入了“海尔文化”的灵魂。对此他曾这样说，“海尔过去的成功是观念和思维方式的成功。企

业发展的灵魂是企业文化，而企业文化最核心的内容就应该是价值观”。在海尔扩张海外的过程中，就是将这种“灵魂”一次又一次注入濒临死亡的企业中，用“海尔文化”让其再次“满血复活”，并渐渐成为海尔的一部分。

海尔的扩张实际上就是“海尔文化”的扩张。企业文化对整个企业内部的影响，不单单只是物质文化上的传承，还有一种企业精神的传递。无论企业发展到什么程度，企业内部发生怎样的变革，员工血液刷新了多少次，企业文化依旧不会变质。它就像一面旗帜永远插在企业“大山”上的制高点，无论这个山脚下建造了一个怎样的“村庄”，精神文化的观念都会永久的沿袭下去。

如果说企业机制是一个企业存在的“商业规则”，那么随着这种“商业规则”的逐步完善，企业的文化就会慢慢地萌芽。当企业文化形成之后，企业机制也会从生硬的“商业规则”蜕变成灵活的“商业习惯”。内部员工的自身价值观也会随之发生改变，从“我必须要去做”转化成“我应该要去做”。当企业内部员工都统一了自己的价值观，他们对企业产生了浓厚的依赖感时，企业内部就会拧成一股绳。这就是企业文化产生的价值观的改变、统一与导向。

企业内部团结是直观反映一个企业的凝聚力以及全体员工工作向心力的有力证据。而企业文化可以很有效地规范每个员工的核心价值观，提高员工的工作效率。只有员工保持一致的价值观才能让企业的发展方向有着清晰的前景与未来；只有产品生产力的提高才能让企业的车轮转得更快。

企业文化总是对企业内部员工的精神世界有着不可磨灭的影响。如同海尔集团一样，在集团的运作过程中，“海尔文化”犹如一棵“巨树”，伴随着日月交替与四季转换会散播出海尔的“文化种子”。每颗“种子”可能来自企业的任何一个角落，但是却又都是以独立的个体形式存在。所以，无论它们飘到哪儿，都会迅速地生根发芽，将海尔的精神文化带到那里。

企业的成功并不是企业曾获得过多少荣誉，创造了多少商业价值，而是企业的精神文化能够源远流长、世代流传。

没有灵魂的人犹如行尸走肉，没有任何活力与生气。没有灵魂的企业更是如此，缺少企业文化血脉的流动，企业的运转将是空洞乏味的。一个只具备商业机制，不具备文化力的企业，会日渐没落直至消亡。所以，对于任何一家企业来说，打造属于自己的独特的企业文化是迈向成功至关重要的一步！

分享时刻

互动——建设有“灵魂”的企业。

要求——收集一些伟大的，具备极高知名度和声誉的企业，看看这些企业具备怎样的“灵魂”？

思考——企业目前是否具备“灵魂”？

是像一个活生生的“人”，还是一台冰冷的“机器”？

讨论——如何为公司注入“灵魂”？

企业文化就是企业生产力

美国知名管理行为和领导权威约翰·科特教授与其研究小组，用了11年时间对“企业文化对企业经营业绩的影响力”进行了深入研究。结果表明：凡是重视企业文化因素特征（消费者、股东、员工）的公司，其经营业绩远远胜于那些不重视企业文化建设的公司。

企业生产力是实实在在的商业价值，而企业文化是必须建立在物质基础上的一种精神意识。那为什么不能说是企业生产力形成的企业文化，却

要说企业文化就是企业生产力呢？

华商基金公司量化投资部经理梁永强说过：“中国企业往往爆发力很强，但是耐力不够，主要是没有形成良好的企业文化。一个企业的长期发展一定要有企业宗旨、使命、共同愿望以及具体实施的措施。在我个人看来，良好的企业文化其实是一种生产力。”

爆发力强是国内企业的优势所在，习惯了“无规矩，无方圆”的国人总会在企业内部设置很多的硬性指标。在所有企业发展的开端，这些硬性指标很快就给企业带来了商业价值，但同时也会引起企业内部的慢性分裂。久而久之，企业员工就失去了工作的动力，生产力自然会飞速下滑。

对于一个聪明且成功的企业家来说，企业文化无疑是现代企业生产力的核心来源。企业的目的就是创造商业价值。经营有赢利才能刺激企业生产力的提高，所以企业的“生产耐性”就决定了企业的经商寿命。企业文化就是企业“生产耐力”的最佳保障。它可以让企业像一台永远不会磨损的机器一样，一直运作下去。

肯德基，简称KFC，是美国跨国连锁餐厅，同时也是世界第二的速食炸鸡连锁店。

经过80年的风雨历程，肯德基在中国之所以能够立住脚跟并与多家餐饮巨头各领风骚的根本就在于它的产品出场效率高，产品质量好。这与肯德基一直传承的企业文化有着密不可分的联系。

整齐划一的餐厅风格与员工服装，朗朗上口的销售口号以及按小时来计算员工酬薪的方式都是肯德基经过几十年的运营而产生的企业文化。员工每天在干净舒适的工作环境下工作，按小时来计算工钱又可以在短时间内得到自己的劳动所得。这使得肯德基的内部员工干劲十足，企业生产力自然也就节节攀升。

和肯德基一样，无数的外企也都凭借着一套完整的企业文化力平步青云，一跃成为企业界的标榜楷模。

通过国际管理咨询公司的研究表明，所有全国500强的企业，其企业文化都是他们成功的关键。所以，不断地更新企业的企业文化，保证企业发展核心的优质性才是企业经久不衰的法宝。

企业需要进步，需要持续发展主要是依靠企业与企业之间的竞争力。这种竞争力来源于企业与企业之间的实力以及企业之间不同的管理方式。而想要形成一套完整的管理体系，首先就要有企业员工都认同的企业文化。所以，企业文化就是企业持续发展的中心点！就是“永动”的企业生产力！企业文化不仅仅是企业生产力的动力源头，而且对企业的经营业绩起到了最直观的作用。这个作用并不是促进作用，而是直接提高。

抽象地说，企业和市场就像是两个杯子。如果说沙子是企业生产力与企业经营收益，商业交换是沙子在两个杯子之间相互交替过程的话，那么企业文化就像是连接两个杯子的铁管。无论企业与市场进行了多少次商业交换，企业文化都可以保障持久的企业生产力与丰厚的经营收益。而这根“铁管”，正是中国企业所迫切需要的。

分享时刻

互动——将企业文化转换为企业生产力。

思考——我是否真正认识到了企业文化对于企业发展的意义？

企业文化对企业生产力究竟有什么影响？

讨论——企业目前如何用文化来提高效率？

企业文化的六大好处

20 世纪 80 年代初，《企业文化——企业生存的习俗和利益》一书在美国出版，自此企业家们才正确认识到企业文化对于企业的商业意义，于是企业文化被人们重视起来。30 年之后，企业文化造就了无数金光璀璨的企业帝国，为现代经济市场平台构建了多元化的商业因素，也创造出了一种新时代的文化财富。

从宏观意义上来说，企业文化是企业的核心价值，是企业在行进过程中的精神良药，是企业在社会经济市场中立足的基准，为企业提供了源源不断的、有效的商业生产力。从微观意义上来看，可以将企业文化的优势具体划分为以下 6 点。

1. 节约管理成本

当企业还处在最初的经营阶段时，在商业机制下形成的硬性管理指标会浪费大量的管理资源，这就使得企业的商业赢利大大缩水。但是当企业在发展中慢慢地形成企业文化之后，随着企业价值观念的不断统一，企业员工的工作行为就会逐渐脱离硬性管理，从而形成了一种“文化习惯”。员工与企业之间相互信任的关系加强，企业自然而然就不需要硬性管理的企业机制了。

2. 吸引留住人才

随着企业文化的不断熏陶，企业的生产力与竞争力都会达到一个新的高度。丰盈的企业收益满足了所有企业员工的需求，企业的战略目标会渐渐转变为员工的奋斗方向，企业文化在不经意间将企业与员工牢牢地绑在了一起，达到了一种共生、共荣的状态。在当今各种商业因素共存的社会经济体制下，有很多的商业人才活跃于此。由于企业影响力对社会经济环境产生的良性作用，则又会吸引一大批商业人才对企业的关注。

3. 优化进化团队

企业内部团队的向心力以及团结性的强弱是反映企业文化的直观因素。企业文化可以将企业管理体制所形成的硬性指标“软化”，让企业员工的工作重心、工作方式及工作作风完全与企业相对应，如此则大大减轻了工作带给员工精神上的压力，提高了企业员工的工作效率。独特的企业文化所形成的企业素养会随着企业战略目标的推进愈加成熟。企业内部团队经过商业活动的磨砺，会变成一把锋利的宝剑，在企业前进的道路上披荆斩棘。

4. 赢得客户尊重

在企业文化下所形成的良好的企业环境、企业形象、企业机制以及优秀的企业团队会为企业带来难以预期的巨大收益。在企业内部因素与企业文化的共同作用下，工作质量与工作效率的提升自然会让企业备受客户的尊重与赞赏。

5. 吸引合作伙伴

企业内部员工与企业之间毫无保留的信任，以及共同奋斗的战略目标是企业文化容易吸收合作伙伴的关键。企业与企业之间的合作关系就像是由商业赢利垒成的三角金字塔，而相互信任则是金字塔中黏合砖块的泥浆。企业文化带来的责任力量是无与伦比的。一个充满了归属感、责任感、使命感的企业员工在对企业信任的同时，也感受到了对企业深深的责任感。专业的商业团队，高雅的企业环境，责任感十足的企业员工，这样一个拥有深厚文化底蕴的企业向来都不缺少合作伙伴。

6. 成就时代财富

企业文化是当今经济行业的新兴产物，而现在它已经一跃成为现在商业市场平台上一颗最闪耀的明星。太多的商业巨头曾站在它的“肩膀”上造就了一个又一个不可思议的商业神话。它就像一桶潜藏在企业深处的黄

金，价格不菲，在不知不觉中成就了一个时代的财富。

企业文化是一种可持续发展的企业内部精神。无论企业度过了多少峥嵘岁月，企业文化都会给企业带来巨大的商业价值。

分享时刻

互动——认识企业文化的意义和作用。

要求——收集一些通过企业文化建设获得成功的案例，学习他们的成功经验。

思考——企业文化为企业的经营发展带来了哪些具体的益处?

讨论——企业在哪些方面做得不好是由于文化建设不善导致的?

什么不是企业文化

企业文化是一种抽象的企业意识形态。随着企业的不断发展，它会客观的存在于任何企业当中。但是这种文化是否对企业的发展前景有利，却是每个企业家值得深思的问题。

企业文化与“伪企业文化”之间存在着很多的误区。在国内，由于企业文化的地位日渐提升，“移植”一些成功的企业文化开始慢慢流行起来。生搬硬套其他企业的文化成果看似是一个既有效又便捷的方法，但是这种方法大多不仅没有为企业发展助益，反而使企业陷入了更深的泥潭。企业文化是继承了企业独特性的，是具有针对性的。两家商业原则迥异，客户价值观不同的企业不可能形成同样的企业文化，也无法去适应对方的企业文化。

企业文化是存在特有性和针对性的。一个企业经过十年、二十年的经营发展，在企业管理、客户价值、商业原则等因素作用下才慢慢形成了企业自身的文化。而“伪企业文化”的出现无疑为现代企业真正的企业文化建设设置了障碍。

1. 一切与商业原则无关和客户价值无关的文化，都不是真正的企业文化

商业原则如同人生原则，它是一种在企业外部形成商业活动过程时的观念与态度。无论是企业的责任感，还是企业内部原则的观念，都是形成企业文化的前提。企业的首要目的是赢利，客户价值是现代经济平台中企业之间产生竞争力的先决要素。企业文化一旦对企业客户价值作用效果，就会提升企业竞争力，从而扩大企业的营销市场范围。如果两者毫不相干，就会导致企业客户的流失。企业生产价值的负增长同样也会降低员工的工作热情以及工作效率，没有赢利的企业很快就会关门大吉。

2. 一切与员工成长无关的文化，都不是真正的企业文化

企业员工是企业的主要组成部分，也是企业内部的主心骨，他们主导了企业在商业活动中所必需的企业生产力。企业文化本身就是针对企业员工靶向设计的，所以它必须与企业员工息息相关。

“呐喊企业口号，高呼企业标语，恪守企业制度”。如果一个企业只是把企业文化通过员工的嘴去说出来，是没有任何作用的。员工的价值观不能受到企业文化的影响，这种企业文化是多余的。员工无法受益于文化，空洞的口号标语也就只算的上是企业伪文化。统一企业员工价值观才是企业文化内部的核心所在。

3. 一切违背团队精神的文化，都不是真正的企业文化

企业文化的核心是价值观，企业内部价值观的统一导向才能增强企业团队的凝聚力与向心力。团队精神的产生需要企业文化的直接介入才能发挥真正的作用。真正的企业文化是形成团队精神的原材料，而团队精神是企业文化发展方向的路标，两者相互依存，相互作用，共同发展。

4. 一切违背市场规律的文化，都不是真正的企业文化

企业文化是需要遵循市场规律的。不同的企业文化具有地域性、民族性、阶段性的差异，由于企业的地理位置、发展进度及社会的市场经济模板的不同，企业文化也会有很大的差异。但是殊途同归，无论企业文化的特性如何，唯一不变的就是永远与市场规律的同步变化。早年间，我国南方人群以水稻为主食，所以种植水稻就吻合了南方农作物的市场规律。但是对于喜爱面食的北方人来说，水稻肯定没有小麦更加迎合他们的胃口。今时今日，交通的快速发展让商业产品在路上的旅程越来越短。慢慢地，北方人群已经完全习惯了水稻，南方人也开始大量种植小麦，所以企业的文化永远会随着市场规律的变化而变化。

5. 一切与社会责任无关的文化，都不是真正的企业文化

目前国内很多企业家都在倡导企业文化的形成，但是他们却很少把企业文化与社会责任联系起来。企业作为社会的一部分，取之于社会就应该用之于社会。很多企业在刚起步的时候都是为了创造企业财富价值，在社会政策体系之下的经济制度为它们的企业创造了无尽的利益。当这些企业的发展走上正轨之后，就应当自觉投身于和谐社会建设，反哺社会，回报社会。这才是企业文化需要达成的最高目标。

用企业培养文化，用文化管理企业。真正的企业文化形成是需要漫长的时间去沉淀的。

分享时刻

互动——消除迷惘和误区，了解真正的企业文化。

思考——我对企业文化的认识是否存在误区？

当前企业文化建设不善的状况有哪些是由于认识错误导致的？

讨论——当前的企业文化有哪些是虚伪的，有哪些是真实的？

社会文化 VS 企业文化

社会文化是由社会意识形态构成的，它为社会群体加持了社会文化活动与社会文化现象，它与广大人民群众的生活和生产密不可分。社会文化提高了群众的生活质量，满足了人民的文化需求，促进了人类的全面发展，同时也加固了经济、政治及文化的共荣圈。而企业文化只是社会文化的一部分，管理者如何才能正确地认识两者的联系也是国内企业面临的一个难题。

社会文化是人类历史上最早形成的意识形态。起初，它规范了人类的基本生存要素。时至今日，经过数千年的演变，社会文化已经形成了许多文化支流，企业文化则是其中最重要的一部分。

社会文化是企业文化的“母体”。企业员工在企业里上班，在社会中生活，社会文化通过企业员工这个传递载体来影响企业文化的发展。企业文化是社会文化的缩影，其除了拥有社会文化的基础意识形态外，还受到了一种“特殊”的社会文化的影响。由于社会文化的鱼龙混杂，社会文化产生的许多消极文化则慢慢地流入了企业。

1. 权谋文化

企业就像是一个小社会。钩心斗角，玩弄权术是我国从古沿袭而来的陋习。如企业竞争之间的明争暗斗，企业管理者面对企业员工的虚情假意等，权谋文化对企业来说是个难以拔除的毒瘤。它也许可以给企业带来一定的收益，但是长此以往，就会给企业带来灭顶之灾。

2. 面子文化

“爱面子，好面子”一直是国人的顽症。社会中的面子文化对于企业高层管理者的腐蚀作用不言而喻。一个虚荣心膨胀的企业管理者会丧失对

事物的冷静分析以及判断能力，在企业之间的激烈竞争中，任何一个细微的失策都会使企业与成功失之交臂。

3. 人治文化

由于中国历史上没有工业文化的过渡，所以人治文化的思想观念依旧存在于很多企业之中。它与法治文化的平等自主形成了鲜明的对比。人治文化作为一个制约人权的落后文化，已经渐渐跟不上时代发展的脚步。

4. 含糊文化

“不清楚、不知道、不明白、也许”……这些都是社会含糊文化的代言词汇。这些含含糊糊的文化进入企业之后会大大降低企业生产力，降低企业员工的工作自觉性。企业的发展必须是一个很清晰的过程，“知道，清楚，明白，肯定，必须”才是企业应有的口号。

5. “大侠”文化

“企业大侠”往往都是自负的代表人物，他们乐于享受独自掌控企业上下大小事宜的控制权，却不知道企业的经济发展需要多方面的战略方针与营销政策的共同作用。取百家之长，要多听从企业内部成员的意见。“兼听则明偏信则暗”。成功的企业家听到的永远都只有更加完美的企业策划，而“大侠”们却只能听到质疑与不满的声音。

那么，企业文化又靠什么来影响社会文化呢?

首先，企业容纳了国家大部分的人口。我国是个人口众多，但是人均素养不高的国家，但是经过企业机制以及企业文化的熏陶，企业文化帮助社会文化承担了开发社会人力资源的重担。企业文化下的企业管理模式也同样带动了社会的文化管理，推动了社会文化的发展。

其次，企业文化的企业经营理念，企业精神以及道德观念对社会文化的文明建设有着极好的促进作用。不仅提高了社会文化的品位，营造了优质的社会文化环境，并且加快了社会的经济发展速度。

最后，企业通过经营所获得的商业利润是建设社会文明的物质基础。

一个优秀的企业管理者在自己的企业经营获得成功时，就应当自发地开始进行社会文化物质的建设。企业文化存在的最初目标是要赢取利益，而最终目标则是对社会价值的实现。这是企业必须履行的社会责任。

一个企业的管理者必须能够明确划分出企业文化与社会文化的界限，阻止恶劣社会文化的入侵，这样才能保持企业文化的“纯净度”。在企业发展壮大之后，用企业文化所创造出来的商业价值去净化社会文化，建设社会文化。当社会文化建设处在了一定高度之后，营造企业文化也就变得得心应手了。

分享时刻

互动——控制社会文化对于企业文化的影响。

思考——社会文化与企业文化有哪些关联和区别?

社会文化与企业文化互相之间有何具体影响?

实践——借助良好的社会文化，杜绝不良的社会文化，建设优良的企业文化。

第二章

总裁——文化形态的塑造者

我更害怕由一只狮子领导的一百只羊，而不是由一只羊领导的一百只狮子！

——夏尔·莫里斯·塔列朗

总裁——企业文化推动的“领头羊”。如何让企业文化钻进企业的“心窝”，是企业管理者必须掌握的管理技巧。

做企业文化的引渡人

为了更快地提升企业竞争力，扩大企业营销市场，很多企业管理者开始向企业内部输入企业文化，但由于缺乏有效真实的信息，没有切合实际的想法，导致很多企业家都倒在了企业文化的路上。

企业文化的成功核心是对企业内部员工的信息掌握。在企业中，很少有员工会表达出自己的真实想法，导致企业管理者对企业的发展决策经常出错。针对企业文化建立起准确完整的战略方针，要做好企业文化的引渡人。

文化是一个很宽泛的问题，定位模糊，意识形态强，管理者很难找到文化执行的突破口。企业文化有的时候是针对企业员工的，从员工的角度出发去辅助企业文化的形成才是明智的做法。在企业中，文化的推行终难成行的罪魁祸首就是企业管理者与员工之间的思想分歧。从员工与企业之间的主要矛盾激发点进行系统的分析与规划，多与企业员工进行一对一的谈话交流可以从根本上解决这个问题。“亲和力”是与员工沟通的有力工具，轻松自然的交谈能让员工与企业迅速建立起相互的责任感。

企业文化的形成是一个漫长的过程，不能操之过急，一蹴而就。阶段性与层次感是企业文化落实的核心结构。在企业的不同阶段建立不同的企业战略方向与目标，按部就班、循序渐进的过程才能达到企业文化的根深蒂固。

很多管理者在建立企业文化的过程中存在误区，主要体现在对员工的培训。强行灌输企业文化是一件“事倍功半”的事情。一方面，员工对于企业文化的理解并不是一种可以通过培训学习就能获得的知识；另一方面，没日没夜的培训对于长时间处于工作压力中的员工来说无疑是雪上加

霜。一旦企业员工对企业产生抵触情绪，则会造成企业内部的加剧分裂。

以身作则，让员工看到“我的老板都做了些什么”，才是管理者影响员工的正确方式。

1. 老板的目标

让企业员工都能清晰地看到企业管理者为企业的发展所制定的目标方向，这样，可以有效地统一员工的工作向心力，提高员工的企业价值观。

2. 老板的努力

让企业员工都看到企业管理者对企业发展的尽心尽力，这样，员工才能自发建立起优质的企业环境，全身心投入到工作当中。

3. 老板的成就

企业管理者的每次巨大成功都必须告知全体员工。这是树立企业威信，提高员工工作信心的主要手段之一。在企业员工对未来企业的发展充满信心与期望的前提下，企业文化才能应运而生。

4. 老板的奖励

对业绩优秀的员工给予丰厚的奖励是对企业员工工作成果的认可。这不仅可以强化员工的工作方向，还能大大提高员工的工作热性，端正员工的工作态度。适当开展一些文娱活动，会有效地减轻日常工作带给员工的精神压力。因为只有轻松与愉悦的工作环境才能慢慢的衍生出企业文化。

推动企业文化的过程就是企业逐步完善，逐步成长的过程。由于社会文化的影响，企业文化所产生的众多弊端让很多企业管理者陷入了“文化陷阱”。企业文化并不是企业发展的先决要素，它是企业几经磨砺自然形成的一种意识形态。一种科学的企业管理机制、一个清晰的企业发展方向、一支凝聚如钢的企业团队，才是企业在发展中所必需的商业因素，而企业文化的产生则是在拥有这些因素的前提下，通过管理者与员工的共同理解，相互促进，逐步实现的。

成功的企业家一定是企业文化的第一推动人，只有企业管理者才能促进企业文化的形成。

成功的企业家一定是优秀文化的“引渡人”，只有企业管理者才能让企业在文化的道路上越走越长，越行越远。

分享时刻

互动——从自身出发“做文化”。

要求——认识到企业管理者对于企业文化建设的意义和作用。

思考——企业文化的建设不善是否与我自身有关?

讨论——如何变被动为主动，积极地建设企业文化?

总裁做文化的疑问

由于企业文化在国内的全面普及以及无数企业通过企业文化走上巅峰成就了卓越，“做文化”对于许多企业家早已不仅仅只是一个口号，一种向往，而是一种势在必行的商用手段。在国内的企业大环境中旋即刮起了一阵强烈的“文化风”。盲目的企业文化推崇，让许多企业家根本就来不及不明白企业文化是什么就开始摩拳擦掌的“做文化”，其结果可想而知。在企业经历失败与挫折之后，企业家们终于开始重新审视企业文化。

面对企业文化的种种误区，企业管理者对企业文化到底存在着怎样的疑问?

1. 企业文化是什么

“企业文化的核心是价值观，它是企业特有的文化现象”，以上是企业文化的定义。如果展开来说，企业文化就是企业内部员工的价值观与企业运营机制的总和。与其说它是一种文化，倒不如说是一种企业精神。它是企业全体员工的工作向导与精神支柱，是企业无形的资产，是注入企业独

有的“魂魄”。

企业在经营实践的过程中，一套成熟的管理机制是保证企业前进的动力。而管理机制必须要有企业文化氛围的支撑才能长久存在。所以，企业文化等同于一个特殊的“企业规则”。其作用就是将企业所有的内部精神、管理方法、营销手段等所有规章制度进行集中并且同化。

2. 企业文化怎么做

企业文化仅靠企业的管理机制是无法实现的。处理好企业内部员工地价值观才能有效地让企业文化得以发展以及传承下去。企业文化是传递员工与企业之间的企业精神。对于员工来说，企业是他们的第二个“家”。让员工在企业中得到足够的尊重与信任是企业文化形成的基本条件。企业尊重员工，员工自然会尊重自己的工作，体现在领导与员工之间没有明确的等级行为限制，没有特殊的待遇之差。员工得到了充分的尊重才能真正体会到企业的温暖，须知：相互尊重也是构建和谐企业文化的关键因素。说起信任则不单只是存在于企业与企业的合作中，企业与员工之间的相互信任对一个企业来说同样至关重要。针对我国基层人员较多的国情，他们在企业里往往是“直肠子”。企业信任他们，他们就用自己最好的工作状态去回报企业。但是如果企业对员工充满了怀疑与猜测，敷衍员工的工作成果，就会让这些基层工作人员感受到企业的排斥与敌意。这会直接影响员工的工作情绪与工作热情，也就永远不存在所谓的企业文化。

3. 企业文化有何用

对企业外部来说，企业文化给企业的市场竞争力提供了最坚实的护盾。无论是企业产品的外形、包装、品牌，还是企业的营销策略，这些商业竞争因素充满了企业文化带来的灵感，所以说企业竞争力的对抗就等同于企业文化力的对抗。这是企业在商业活动中最具有价值的无形资产，在当下经济市场环境中占据了主导地位。对企业内部来说，企业文化统一了内部员工的价值观。在企业管理过程中，不同的员工对相同的管理行为与制度会采取不同的态度，如对按时上班的制度，有的员工会认为理所当然，上班就要准时，这是所有的企业或者员工要共同遵守的游戏规则，因为在他的价值体系中，上班守时已经成为一种潜在的判断标准，遵守是对的，违反则是错的，所以不能允许员工迟到。相反，在一些员工心目中，上班准时与否并不是重要的，偶尔迟到也可以理解。对于同一个问题，在不同的价值观的引导下所产生的行为是不同的，因此，在企业管理中共同的价值观牵引是很重要的一件事情，没有共同价值观的牵引，在同一客观条件下，由于价值观不同，对于同一事物人们会产生不同的行为。

在同一企业中，有的人注重工作成绩，有的人注重实际报酬，有的人注重职务，这就是因为他们价值观不同所致。所以，在企业文化的范畴里，价值观的作用是整个企业文化体系的核心，没有确立共同价值观，就不会形成一种让所有员工认同的企业文化。反之，一个拥有文化底蕴的企业中，所有的企业员工都确立了共同的价值观。

在企业文化的感染下，企业员工的努力给企业带来商业价值的同时也会获得相应的回报与收益，这会大大的激励员工的工作积极性与创造性。这种共生共赢的状态所形成的企业凝聚力与向心力不仅增强了员工的责任感与使命感，而且为企业的生产力与生产效率提供了无穷的动力。

4. 企业文化太过空

企业文化是企业独有的意识形态，它如同空气一般，看不到摸不着。首先，企业文化是一种“企业气质”，主要体现在企业内部员工身上。如何正确地传递企业文化是管理者需要掌握的重要技巧。机械化的培训与说教只会让员工“知其然，而不知其所以然”。商业客户在企业员工身上感受不到企业本身的文化理念，终将导致企业客户价值的流失。

其次，企业文化是和商业活动紧密连接的，也总是结合实际企业执行力的。如果企业制定了一种企业文化的发展趋势与方向，但是实际上企业完全不可能去实施这个方案。一个表面华丽，内容干瘪的企业文化就会显

得多余、空洞、毫无商业价值可言。说到，也要做到，根据企业运营的实情来制定与之相对应的企业文化。“空口文化”才是企业管理者的明令禁止。

5. 企业文化难落地

中国企业中大部分的企业文化都是流于表面的文化。社会不良文化的侵蚀本来就已经严重的危害了企业文化的本质，再加上一些变质的企业文化，如“口头文化”“皮包文化”等，导致当下国内企业文化混乱。

企业文化的生成本来就需要在时间中慢慢沉淀，形成一些多余的“杂质”是在所难免的。如何“过滤”伪文化，取其精华并去其糟粕却是需要技巧的。企业文化的理想目的是能刺激消费者产生企业文化信仰，从而形成企业品牌概念。比如微软、腾讯、三星、松下，这些都是已知成型的企业文化信仰。恰恰就是因为对企业文化信仰的热衷导致很多企业管理者不能认清自身的能力与极限，甚至对自己的企业经营项目都模棱两可，就开始大张旗鼓的开始营造专属的企业文化。企业管理者以这种企业理念根本就无法形成真正对企业有帮助的企业文化。

企业利益是所有企业管理者的首要目标。但是由于企业文化的普及，很多企业家渐渐地尝到了企业文化带来的甜头。“做文化”的风潮已经开始波及中国的经济市场，这时身为企业管理者就更应当保持一个清晰的思路。只有消除对企业文化的困惑，才能做企业文化的第一推动者！

分享时刻

互动——寻找疑问，解答疑问。

思考——我之前对于建设企业文化有哪些疑问？

这些疑问是否影响了企业文化的建设？

实践——通过对疑问的探讨和解读，消除对于建设企业文化的困惑，整理出明晰的企业文化建设思路，成为企业文化的推动者。

企业文化的“按部就班”法则

企业文化代表着企业内部的核心价值观，它与企业管理机制共同组成一条完整的产业链。那么，企业文化在这条产业链上扮演了什么样的角色？“腾讯控股有限公司”是中国最大的互联网综合服务提供商之一，也是中国服务用户最多，最广的互联网企业之一。那么，腾讯文化在企业活动中发生作用的过程是怎样的呢？

1. 文化影响环境

1997 年，腾讯首席执行官马化腾第一次接触到了 ICQ（一款即时通信软件），他敏锐地察觉到了目前国内通信软件的空缺现状。这无疑是一款新兴通信软件企业崛起最好的市场环境。隔年，深圳腾讯计算机系统有限公司在深圳成立。随着信息化时代的来临以及社会对于通信系统的逐步需求，“腾讯文化”已经日趋成熟。仅仅两年的时间，腾讯集团几乎以垄断的姿态占据了国内互联网通信软件的主流市场。马化腾与他的员工们在团结一致的环境氛围下憧憬着腾讯集团更美好的未来。

2. 文化改变意识

2002 年，QQ 用户注册直线上升至一亿的惊人数量。腾讯集团在这两年中极力倡导通信软件的普及起到了明显成效，积极正面的企业文化开始对企业内部的发展产生良性循环。企业员工的思想意识发生转变的同时，随着腾讯集团在 2002 年举办的首届 QQ 之星选拔赛的圆满落幕，腾讯的企业文化形象已经慢慢融入到现代社会年轻人的生活中。

3. 文化确立观念

伴随着众多质疑的目光，腾讯集团的成功将企业内部人员的不安情绪一扫而光。此时腾讯文化开始深入企业员工的精神世界，建立起企业文化

的观念：通过互联网服务提升人类生活品质，并为人们带来快捷与愉悦。企业内部观念的确立，再一次巩固了企业内部的团队精神。

4. 文化主导行动，行为终成习惯

为了实现企业文化为员工建立的企业观念，在腾讯集团一路走来的16年里不停地尝试企业的变革，企业的创新。现在，腾讯集团的主营方向已经遍布互联网任何一个领域。他们正为了企业的最终目标——“成为最受欢迎的互联网企业”而努力。

5. 企业遵循文化，文化构造信仰

当今社会，腾讯集团的文化影响力早已享誉全国。“为人正直，工作进取，团结合作”，作为腾讯企业的核心价值观，早已刻在了每个腾讯集团员工的心里，永远都不可能磨灭。直至今日，腾讯文化已经深入人心，真正意义上做到了覆盖全国的企业文化信仰。

这就是一个辉煌商业帝国中，企业文化对整个企业产生的作用。

企业文化造就了企业内部环境。良好的企业环境合理的调节了员工的工作心情与工作状态，从而提高了企业内部员工的工作意识，使员工养成了良好的企业文化观念。企业员工受到企业文化的熏陶，久而久之，遵循企业文化核心价值观已经成为了一种习惯。而当企业发展到一定高度的时候，企业员工就会以对企业的归属感、责任感为基准产生企业信仰。

在企业文化对企业内部造成影响的过程中，如果把企业比作商品生产流水线的话，那么以企业文化为原材料创造出的商业价值就是企业文化作用于整个企业的产业逻辑线。

分享时刻

互动——依照法则建设企业文化。

思考——企业文化是怎样一步步影响企业内的每一位员工，进而最终影响到消费者的认识的?

讨论——如何从细节着手，让企业文化真正作用于企业发展?

总裁做文化推动的原则

企业管理者想要做好文化就必须结合当前企业经营状况制定方法策略。但是行动靠方法，成败论原则。企业管理者在企业文化的推动过程中还需遵循以下五个基本原则。

1. 树立企业标杆

以人为本的企业文化理念可以起到团结企业内部员工的作用。企业管理者在关注企业员工成长的同时，树立一个业绩优秀、品格端正的榜样员工作为企业标杆。合理分析榜样员工的成功原因，并鼓励其他员工与之效仿。这不仅从客观上激发了企业员工的工作热情，从主观上来说，一个优秀的员工榜样，能够有效的规范其他员工的工作态度、工作行为与工作方法。员工有学习目标才能激发其工作效率，企业生产力才能得到保障。

2. 开放分享

多在企业内部开展工作讨论会，将一些成功企业的典型案例作为论点让企业员工发散思维进行分析讨论。企业中不同领域的成功经验，会带给企业员工更多的工作灵感。企业内部在针对企业成功策略进行争执、讨论、分享的过程中才能不断凝聚，最终达成共识，形成企业员工共同的价值观。企业管理者也可以经常发表有关企业经营的文章，提出企业在发展道路上的疑惑。经过企业员工不断的相互论辩，不仅可以得出最好的企业战略方针，而且还明确了企业内部共同的发展目标与方向。

3. 竞争激励

企业管理者可以给企业内部员工制订相同的工作目标与工作计划，刺

激他们以自身最热情的状态投入到工作中。员工在相互竞争的过程中，会尽其所能的提高自身的工作效率与工作质量。制造对抗，将公平竞争在实践中运用并演变成最重要的企业文化。企业内部的竞争力的强弱即是整个企业竞争力强弱的主观体现，只有放大希望才有前进的动力，只有放大痛苦才有变革的决心。

4. 制造危机

在企业经济发展迅速，企业内部一片繁荣景象的同时，企业管理者必须要存在危机意识。无论是企业战略方针中存在的隐患，还是企业内部中浑水摸鱼的员工，都是影响企业文化本质中的“害群之马”。作为企业的“最高指挥官”一定要慧眼如炬，在最短的时间内找出企业内部存在的所有弊端，并及时进行调整处理。制造危机感是鞭策企业管理者自我完善，保证企业发展不偏离正轨的重要手段。没有对企业内部“健康度”的整体把控，就没有真正黑白分明的企业文化。

5. 专注重复

企业的文化建设必须要坚持专注重复的原则，这源于企业文化形成的长期性。将企业文化理念慢慢转换成企业内部核心价值观是需要循序渐进的。由于很多“不良文化”与“伪文化”的产生，企业文化的建设容不得半点粗心，它需要企业管理者与企业内部员工的共同营造、推动、坚持与监督。世上无难事，只怕有心人。企业管理者对于企业文化的执着与关注，加上企业员工对于工作态度的坚持创新与日夜重复，才能使企业的不断发展前进落实到企业文化的建设上。也只有这样，才能够形成真正的企业文化。

“做文化”与“做人”之间大相径庭，它们都由相应的原则将其规范起来。如果做人没有原则，那么他的一生注定一事无成。如果做文化的推动没有原则性，企业文化的形成就不会给企业带来任何本质上的改变。企业管理者在进行企业文化推进的时候，一定要做到“多想”“多问”“多说”“多做”。在保证企业文化积极发展的同时，还可以提高自身的文化修养。

分享时刻

互动——遵循原则推动文化建设。

要求——认识并理解做企业文化推动的五大基本原则。

讨论——我要如何根据五大基本原则的要求制定出具体的企业制度来推动企业文化的建设?

总裁做文化的四个方法

在企业文化的逐步形成中，企业管理者要掌握正确建立企业文化的四个方法。

1. 树旗帜

在企业内部每个季度之后，找出一名能力出色的员工当作其他员工的学习旗帜，不仅能鼓励员工积极工作学习，还能促进员工提高工作效率。但是企业管理者对于企业标杆的选拔不能盲目但也不能过于夸大其对企业的价值，否则会导致其他员工不能端正工作心态，降低工作积极性。企业管理者必须明确指出企业的目标与发展中的需求，对于总能按时完成工作目标的企业标杆，管理者一方面要推崇他的工作态度与自身的优秀品格;另一方面，这也迫使他不仅需要维持原有对工作的热情，而且他必须更加努力，以获得更大的成功来维持企业标杆的形象与作用。随着企业工作标杆的出现，企业内部竞争力将会急剧增加。到了企业新的季度还可能会涌现出更多，更优秀的企业员工。在树立一个新的企业标杆的同时会更加刺激企业内部员工相互竞争力的增长。

2. 造环境

创造企业的内部环境不单只是针对企业员工的工作环境，还针对企业

内部的生活文化环境。例如：可以经常在企业内部比较显眼的地方设立“文化墙”，每周都贴上可以让员工实现自我激励的标语或图片，从而提高员工的自信心，端正员工的工作态度。在企业内部工作区域多种植一些绿色盆栽，植物可以很好的过滤空气，给员工提供一个轻松、舒适的工作环境。每月固定在企业内部开展一些文体活动，如歌唱比赛或篮球比赛等，可以让企业员工的德智体全面发展，让企业文化在愉悦的气氛中灌输于员工的心中。企业管理者应该在企业不断前进的过程中总结企业发展的经验，开展会议进行开放式的讨论，通过不同的意见归纳出企业未来的发展目标。企业上下团结一心的工作环境可以提高员工的归属感与创新能力，企业环境的日渐提升是企业文化中的重要转折点。

3. 建班子

企业文化是针对企业内部成员形成企业信仰的催化剂。虽然企业文化的推广主要是依靠企业管理者的以身传教，但是仅凭一个人根本无法建立起如此庞大的企业文化系统，此时组织起一个以传播企业文化为已任的“文化班子”就显得十分必要。他们负责企业的所有品牌文化、管理文化、营销文化等一系列文化因素的传播。他们是企业文化的传递使者，直接有效地提高企业文化的传播力度，不仅可以帮助企业管理者省去大量花在构建企业文化的时间，又可间接提升企业内部团队的团结协作，加固企业内部的团结。随着企业内部团队之间的默契度、团结度的加强，企业内部会慢慢形成具有独特企业文化气质的核心团队。如果企业内部没有形成这样一支“文化班子”，就很难存在有效率的企业文化在内部的传播。

4. 搞竞争

提高企业员工的竞争力就等同于提高企业的社会竞争力。能有效产生企业内部竞争力的手段就是企业对于优秀员工的褒奖。无论是奖金还是奖状，都会给企业员工带来生理与心理上的双重满足。

某公司在企业内部开展了一个“福布斯个人财富排行榜”的活动，公司业绩第一的员工不仅会得到丰厚的奖金，他的照片还会被贴在公司的文化墙上。本月，员工李潇秉承着自信、乐观、执着以及不服输的上进心，最终以8078元的业务提成荣登本届排行榜的冠军。拿到奖金后他兴奋地说道：“我们要做到心中有客户，要极力维护每一个企业客户资源，他们最后总能带来数千倍的回报。下个月我会向着万元目标挑战！”当总裁问起他的财富梦想时，李潇自信地笑着说：“我想拥有一家资产过百亿的公司！”

李潇产生的工作原动力就是企业对他工作成果的认可，这是提升他个人竞争力的主要因素。企业内部开展的各种活动都会多多少少的刺激到员工的工作态度，影响到员工工作的积极性。这样，企业的员工才能自发地去了解企业文化，进而在不知不觉中接受企业文化的改造。

虽说没有文化的企业也可以生存，但是却无法实现可持续发展。企业文化就像是黑夜的明灯照亮了企业前进的路途，中国企业能否在世界500强中占有一席之地，这与企业文化的建设方法有着决定性的联系。

分享时刻

互动——学习方法，建设文化。

要求——学习企业文化建设的四大方法，并理解这些方法是如何作用于企业文化建设的。

讨论——如何根据四大方法的执行思想，制订出详细的执行计划？

如何使执行计划真正适合企业，真正具备推动文化建设的效用？

总裁做文化的工具

文化是一种精神上的意识形态，企业文化的传播与推进是需要文化载体的。书信、广播、视频会议、便签、短信等，都属于文化传递的载体。

随着社会逐步实现网络化覆盖，互联网的广泛应用成为了现代化管理的标志，除了高效的沟通和信息的管理外，更重要的作用在于文化的推动、实践、分享与沉淀。现在网络中可涉及使用的工具有很多种，互联网也已经成为了企业传递文化的主要方式与传递载体。在如此众多的文化载体下，企业管理者该如何做文化的工具？

1. 文化启示录

制作企业文化启示录，其中需要涵盖公司核心文化的总结、经典文化案例的总结、公司品牌积分经典案例、公司成长创业的故事、公司创始人精神、公司标杆对象的文化及业绩、公司愿景、使命以及价值观、公司对员工的承诺等关键部分。这些都是企业文化的主要体现方面。

2. 企业成长纪实

每次企业内部发生重大变革时，都在第一时间一一记录下来。当企业事后进行分析时，就可以发现更多企业中存在的隐患问题并想法加以改良，从而让企业员工与客户共同见证企业成长的过程。久而久之，由于深厚企业文化的积淀以及企业内部核心价值观的高度统一，企业的产品理念就会深深地印在客户的消费观念中，最终形成对企业品牌的信仰。

3. 企业之最

设立专门的信息机构用来保存那些曾经在企业内部业绩突出的员工资料，通过颁奖与荣誉来不断的创造企业中最优秀的业绩并鼓励员工不断的打破之前的业务纪录。设立企业之最，鞭策企业内部员工努力走向企业个人巅峰，培养卓越的工作素养。

4. 企业内刊

企业内刊是企业内部流传阅读的文化书刊。企业管理者应当让企业的不同部门轮流担任书刊编辑，这样可以很快发现企业各个部门中存在的问题，而且会加强部门之间的内部竞争力。企业内刊可以让企业客户听到企业内部交流的声音、可以让团队知道企业的进步、可以让企业的员工理解公司的营销战略，也让文化的落实多了一个重要的载体！

5. 文化培训

企业文化的养成如果只依靠企业内部员工的慢慢了解同样是无法延续下去的。对于企业新鲜血液的渗透，文化培训则为他们快速地融入企业文化提供了渠道。企业管理者应当通过每年的"年度人力资源项目评审"来判断员工培训的方向与强度，并根据员工的需要以及工作相关性制定相应的培训课程。员工在制定自身的发展规划时，也应该征得管理者的意见，并与之讨论自身的培训重点。企业管理者则应对自己能力的培训与发展负责，树立终身学习的目标是企业管理者成功的底线。

麦当劳，跨国餐饮行业中的佼佼者。麦当劳有一套完整的培训方式：公司职员根据工作安排需要在餐厅进行两周以上的培训，以了解店面营运的基本过程。而对于公司的管理人员，需要参加公司组织的主题会议，并在工作中一对一的随时训练。"麦当劳的训练更多的是肩并肩，一对一的在工作中进行。你的主管和其他员工是你不断获得训练的最好资源，只要你用心，你会发现训练无所不在。只要你努力进取，你同样会发现成功就在你脚下。"这些就是麦当劳公司对于企业就职人员的基本底线。

6. 惜恩卡

当企业到了年终总结阶段，企业管理者应当给每一位员工分发一张惜

恩卡。卡片上要写上本年度公司内部对你帮助最大的人的名字，以及他在哪方面帮助了你？你想对他说些什么？这样，既可以让员工清晰地看到自己本年度在工作上哪些方面还存在不足，还可以培养员工感恩的心有助于让员工对企业产生归属感与依赖感。

企业中还有很多其他独特的文化展示平台。如开展企业文化活动：丰富员工的生活。开设 4R 墙、文化墙、群英榜等文化小角：在传播企业文化的同时也提高了企业员工的竞争力。摄录设备与影视教材：摄录设备可以记录下企业发展过程中的点点滴滴，企业的成功以及挫折所总结的经验才是企业文化最精华的部分。影视教材中记录了现代众多成功企业帝国的案例，员工通过视频学习可以更快地从众多成功的企业中理解企业文化的真谛。

企业管理者在面对如此多的文化工具时，不仅要“知用”而且要“善用”。只有这样，企业文化才能得以发展壮大。

分享时刻

互动——善用工具做文化。

要求——学习认识做文化推动有哪些可以利用的工具？

这些工具分别有什么作用，是如何推动文化建设的？

这些工具的运用有何区别？

讨论——企业目前的文化建设适合使用哪些工具？

要怎样执行？

由谁负责执行？

总裁武器库——录音法、摄像法

企业管理者在推广企业文化过程中或者获得巨大的成功，抑或是存在着很严重的弊病。这些企业成长历程中的插曲才是企业文化形成的源头，任何事情从失败到成功，其过程往往比结果要重要得多。如何记录企业文化从无到有的里程碑，这就要用到“总裁武器库”里的两个重要“武器”了。

1. 录音法

在企业管理者对于企业文化推广的每一次会议中，都使用录音器材将其全部记录下来。这样在下次会议开始之前，所有会议人员不仅可以巩固上次会议的内容，还可以根据上次会议的要点来针对性地提出自己对企业文化的建设性意见。企业部门经理也可以通过录音法来传达企业本年度的工作任务与工作目标，这样可以使企业员工通过会议录音来发表自己的看法与建议，有助于提高企业员工的积极性与创造性。录音法对企业新成员的企业文化培训也可以起到极大的作用。每次培训的录音可以让企业新员工反复咀嚼企业文化的要义，从而更快地将自己的价值观念与企业同向，这样新员工就会迅速融入企业，与部门内部成员团结协作。

2. 摄像法

比录音法更加直接的摄像法可以直接记录一些公司的特殊活动。

沃尔玛百货有限公司是一家美国的世界性连锁企业。沃尔玛的每次视频文化传播都会给它的员工带来无限的激情。“来一个W！来一个A！来一个L！来一个M！来一个A！来一个T！我们就是！天天平价！顾客第一！沃尔玛！沃尔玛！向前进”！一段激情四射的沃尔玛宣传口号的视频

通过企业员工的嘴巴呐喊出了沃尔玛对于消费者的企业文化理念。视频短小精简，言简意赅，道出了企业文化理念的同时，也增强了员工对企业的归属感。员工与顾客用很短的时间就已经记住了“顾客第一”的口号，既完成了文化的传播，又创造了潜在的客户价值。

不仅是激励员工的企业口号宣传视频，企业在日常运作中的企业环境与员工工作状态，甚至企业开展文娱活动的视频都能对企业的发展产生积极正面的影响。拍摄下每次企业年度最佳业绩员工的颁奖典礼，让企业员工在激烈的内部竞争中不断的超越自己的极限，并刷新企业价值的高度。良好的工作环境、企业的流畅运作、丰富的员工文体生活、激烈的内部竞争力等，都是能让企业员工形成企业价值观的优质条件。

掌握建立企业文化的两把“武器”，加速企业文化在企业内部的传递速率，依此，企业管理者一定是企业激情文化与成功文化的第一推动者！

分享时刻

互动——掌握重要“武器”加速文化建设。

要求——学习并理解录音法和摄像法的具体操作方法，了解这两种方法的具体作用。

实践——对重要会议录音，对重要活动摄像，并且要抓住时机进行定期播放，才能起到加速企业文化建设的作用。

总裁做文化需要训练的四种能力

企业管理者的个人能力对企业文化的发展潜力具有前瞻性。能力优秀出色的企业总裁无时无刻不在为企业文化的形成努力地做铺垫，那么企业总裁需要训练出什么能力才能对企业文化的推动造成影响呢?

1. 激情演说

企业领导者是企业员工在文化路上的引渡人。拥有激情的演说能力，可以调动企业内部员工的工作情绪，影响企业发展的大环境。

“医神阿波罗·埃斯克雷彼斯及天地诸神作证，我，希波克拉底发誓——请允许我行医”！医生的职业道德一直为业内人士所重视，从2000多年前的古希腊世代，医生收徒时都要求弟子宣誓遵守并维护医生的职业道德。这就是所谓的希波克拉底誓言。

企业文化对于企业的重要性就如同职业道德对医生的重要性一般。企业管理者是企业的职业公司人，为了增强自身的能力，适当的自我鼓励是必不可少的。对企业做一次“职业公司人宣誓”，来一次激情的演说，会加强自身对企业以及企业员工的责任感。

2. 关注时尚流行

时代需要发展，企业需要进步。企业文化总是随着时代的不同而不断演变，而文化的最好载体就是流行，先有流行，才有传世的经典文化。

随着现代社会独生子女的增多，“张扬”与“个性”已经成为新一代年轻人的标签。与新时代的年轻人不同，企业家的思维方式是“陈旧”的。如果企业管理者的理念无法跟上新时代的发展速度，企业就永远无法流入新鲜血液，也无法获得持续性发展。当新一批企业员工走进企业的大门时，如何管理这些个性鲜明的年轻员工就需要企业领导者对于当下流行时尚因素的了解与把控。经常阅读新闻、关注每周的流行话题、每月尝试将企业文化的共性与时下最流行的事件或人物的核心联系起来，做一次分享或培训，旨在让年轻的“新新人类”感受到“被理解”而不是“被评价”，这样可以永远保持企业文化的“青春常驻”，让文化“新鲜”而“淳朴”，而不总是那些“老掉牙”式的教条。

3. 运用现代科技

由于现代社会科技的高度发达给人类的生活带来了无穷的便利，目前企业文化的管理也应该实现科学化、现代化、网络化。无论是建立企业内部网络系统，还是在网络平台上学习交流，了解对电脑的操作、学会发邮件、上 QQ、逛论坛等，都能有效提高企业管理者的工作效率与与时俱进的企业经营理念。对于企业文化来说，现代科技对于传播企业文化的应用范畴之广，已深入到企业中的任何一个角落。

4. 讲故事的能力

企业文化的传播形式有很多种，但是最有效的方式就是直接通过企业管理者的悉心传授与指导。但是“说教”也要讲究技巧，不单要让别人听得到，也要让别人听得懂。晦涩难懂的企业文化理念或企业文化要义，虽然正确，但是企业员工并不希望听到。那么如果将这些“老掉牙”的定义全部转换成生动有趣的企业故事，如公司创业的故事、严守质量关的故事、速度第一打败对手的故事、企业面临的最大困难被攻克的故事等，不仅可以让员工从根本意义上了解企业文化的内涵，而且还能通过员工的思维发散领悟出更多有关企业文化的延伸含义。所以，企业管理者要学会讲故事，而不是讲道理。

当前，国内的经济发展已经步入一个全新的时代，企业文化的繁荣与市场平台的扩大不断对企业管理者提出新的挑战，我们不仅面临着国内企业文化“难形成”“难落实”的巨大难题，也深深感受到国外企业文化的迅速发展所带来的市场竞争压力。越是处在企业文化竞争逐渐白热化的环境激流中，就越是要更加严格地要求自身能力的完善与企业发展速度的提高。

企业文化是企业生生不息的生产原动力。但是从根本上来说，企业文化就等同于生活文化，企业管理者生活文化的现状会直接影响到企业文化的雏形，而不同的价值观与世界观会将企业管理者自己的企业领上不同的高度。因此“企业文化”其实就是“总裁文化”，这是国内企业文化形成的群体趋势与真实写照，也是为什么说企业总裁是企业文化的第一推动者的根本原因。

分享时刻

互动——提高自身能力做文化。

要求——务必熟练掌握并应用四种能力。

思考——总裁做文化的四种能力在实践中有何具体作用?

我目前具备哪些能力，又缺乏哪些能力?

我应该通过哪些方式方法训练我所欠缺的能力?

第三章

缔造企业文化的核心思维——商业人格

企业就是员工的客户，员工通过出售自己的“工作时间”来换取企业付出的账单。受其托，终其事。商业人格是一种具有成熟魅力的人格。在企业文化的范畴中，它是一种行为意识上的自我约束与自我要求。

什么是商业人格

商业人格，即商业行为中人格的具体表现，是当今中国企业内短缺的重要资源之一，包括独立自主的人格，商业的交换意识，高素质的责任心与职业选手的态度。这四点概括了商业人格的内容与特性："独立性""商业交换性""责任性"与"职业性"。商业人格作为一种独特的企业文化，对企业的发展有着重要的意义。

1. 独立自主的人格

所谓独立自主的人格，即不参考任何权威性的理论观点，在对事物的判断中拥有独立创造的能力。作为企业管理者，独立思考是一项必要的生存本能，你的每一个念头都关乎着企业的兴衰存亡，所以要学会培养自己的独立人格。每当企业面临重大决策时，与之形成的压力会降低管理者自身的判断能力，从而影响到一些重要战略的最终敲定。一个成熟的企业家要有能力将这种压力转换为动力，并在逆境中不断完善自己的心态。

"顺境不骄，逆境不倒"是商业竞争中的重要因素。独立人格在此刻能让管理者在不同的处境下思考出不同的相应对策，而且在管理者独特人格魅力的感染下，才能熏陶出真正的企业文化，培养出自己的商业人格。

2. 商业的交换意识

所谓商业交换，顾名思义，即商业过程中的等价交换，等价买卖。举个最简单的例子，企业为员工提供工作机会、薪资及发展平台，员工则依靠自身的工作成果来交换这些。这就是一种商业交换。在员工为企业带来业绩的同时，企业同样用酬劳反哺了员工，员工得到了回报就会为企业带来更多的收益。周而复始，则促进了企业文化的形成，推动了企业的发展。所以，商业交换意识的强弱会主观反映出企业文化的底蕴，而管理者

商业交换意识的提升也会促成一个企业中“狼性”团队的产生。

商业交换意识不仅仅只作用于企业的进步，作用于管理者的自我完善，它同样对员工存在着很深的影响。企业核心文化想要得以发展，得以壮大，管理者商业交换意识的强弱则起着关键的作用。

3. 高素质的责任心

我们都知道，商人之间最需要讲究的就是信任与被信任。尤其是当下社会，大众的舆论已经将责任心推向了道德的制高点。在这个前提条件下，对于一个企业的管理者来说，高素质的责任心一方面可以为企业带来很多忠实的战略合作伙伴，另一方面领导者的责任心也会影响到其下属甚至整个企业员工的心态。可以说，高素质的责任心不单单是个人商业人格的体现，也是企业战略性发展和企业核心文化日趋成型的一种体现。

4. 职业选手的态度

职业选手的态度实则就是指一个人对于自己的工作了解是否专业的自我评价。在现在的商业广告中，不难发现“专业”二字的出现。专业已经慢慢成为了每个企业的代名词，每个企业家对待“专业”的态度也都各不相同。

在企业领域中，管理者的专业与否关乎企业命脉。你热爱你的企业并沉浸于你的工作，这并不代表着企业文化就会随之而来。空有一腔热血而缺乏职业的态度就会导致你的员工“蛮干”“盲干”。看似一个忙得热火朝天的办公室环境，实则却没有任何商业价值可言。一个对自己专业能力都不了解的管理者，他又如何去评价自己员工的工作质量与效率，又谈何形成企业文化？养成商业人格？一个对自己的职业态度严谨的人总能抓住处理办法的关键所在。用“精通”这个词来表达一个管理者对自己企业的职业态度是很精确的。所谓“精通”，即精研，然后通透。这样才能有效地加快企业的发展速度，加强企业的凝聚力。

由此，不难看出商业人格对于打造现代企业核心文化的重要性。企业在发展进步，建立企业文化的过程中，商业合作则是必不可少的关键点。没有商业合作，就不会形成一个成功的产业链。无论是商业人格中的独立性、商业交换性、责任性，还是职业性。每一个都是商业合作中的重要一环，相辅相成，缺一不可。可以说，没有商业人格，就永远不存在真正的商业合作，更谈不上企业的核心文化了。

分享时刻

互动——认识商业人格。

思考——商业人格包含哪些内容和特性？

具体有哪些表现要素？

对于企业的发展有何重要意义？

讨论——企业目前在经营中是否存在缺乏商业人格的弊端？

是否对企业的发展造成了影响？

如何树立打造商业人格的思想？

商人的职业操守

商人是指以一定的自身或者社会有形资源或者无形资源为工具获取利润并负有一定社会责任，或者以自己名义实施商业行为并以此为常业的人。从古至今，人们一直把社会上东奔西走，买卖商品的人称为商人。当今社会，经济市场发展迅速，经商对于人们来说早已司空见惯。

在一个企业当中，每个人都算得上是商人。但是如何才能成为一名称职的商人？这还需要对“商业”的基本特点进行仔细的分析。

1. 定好规矩，才有自由

在企业中，管理者建立企业管理制度通常都是企业迈出的第一步。企

业管理机制即是企业的“规矩”，中国人讲究“没有规矩，不成方圆”，企业内部管理机制为了在短时间内提高企业的生产力，大多数都是一些硬性指标与规定，很多员工认为过硬的指标大大限制了他们的行为。但是如果在企业刚刚起步时，没有企业内部的管理规定，企业就很容易“走弯路”。当员工习惯了企业规定，并且已经将企业规定注入他们自身商业人格的时候，企业才能得到自由发展的机会。所以制定一个合理的规定，才能让企业有纪律、有组织。

2. 具备资格，才有合作

在企业的漫长发展道路上，要做到“独立”“自主”的创新精神。依靠生搬硬套，或者投机取巧为生的企业是没有发展未来可言的。一路上披荆斩棘，勇往直前的企业不仅可以获得成功，而且都能总结出很多失败的经验。对于企业的成长来说，一次失败的经验比一次成功的喜悦来得要更有价值。一个从失败的阴影中一次又一次走出来并且最终迈向成功的企业，往往都是实力最为雄厚的。这样的企业才具备市场生存的资格，才能够吸引其他企业的联盟合作。

3. 学会算账，才有发展

说到算账，员工脑海中立刻就会联想到，“这与我无关，这是企业会计的工作”。但是对于企业内部来说，算账是每个人都必须精通的，算账的精细度可以体现员工对待工作的细心与认真程度。聚沙成塔，日复一日的蝇头小利也会产生“雪球效应”并且越滚越大，而且根据精确的收益与支出的核算，还可以进行科学性的工作规划，这都有利于企业以及员工的发展。

4. 客户第一，才有钱赚

“客户就是上帝”是现在很普遍的商业广告标语，如何围绕“以客户满意”为核心制造企业赢利的商业理念是目前各大企业面临的问题。一个企业从企业环境的培养就要开始针对客户的满意程度了。无论是营销手段、产品包装、产品质量等各方面因素，都必须想方设法迎合客户的胃口。企业运营的主要目标还是赢利，抓住了客户的心思就等于抓住了企业的利益来源。让客户真正成为“上帝”，是需要走心的过程，企业管理者要根据客户不同的思想角度来判断客户缺少什么样的服务。客户价值不是一张笑脸再加上便宜的产品就能换来的。

5. 全员营销，才有气氛

如何才能有效的刺激企业内部竞争力？如何才能有效的营造企业员工积极向上的工作氛围？全员营销，“草木皆兵”才能营造企业内部剑拔弩张的竞争环境。无限调动所有员工的工作积极性，让员工每时每刻都绷紧神经。客户看到如此严谨的工作风格，也会觉得这个企业值得信任，这就是企业内部形成的商业风格。

6. 正道挣钱，才有底气

法治文化的作用是规范了企业商业活动底线，企业只有在正当商业活动中才能不受经济政策上的限制。无良企业与无良商家都是市场经济平台上的毒瘤，它们不仅影响了经济市场的经济平衡，还会给很多合理合法的企业带来“莫须有”的罪名。中国是一个法治社会，企业的发展方向与发展目标必须服从法律的约束。

分享时刻

互动——合规合法地进行商业活动。

思考——商人的职业操守具体包含哪几个方面的内容？

这些职业操守对企业、对社会都分别有何作用和影响？

讨论——企业目前在经营中有哪些不合乎商人职业操守的行为和现象？

要如何快速使用正确的理念取代错误的理念？

职业商人——全员营销的具体落实

各司其职，各有所好。工作中，在一个岗位上安排一个最适合的人，往往是明智之举。但是对于企业营销来说，全民营销的实现可以有效地塑造员工的工作价值，活跃企业内部的商业思维。

实现全员营销的关键就是要塑造员工自身的工作价值，并获得他人的认同。

请各位客户中心同时查收：团队营销工业化客户维护短信出台了！

想让你的客户被新颖而致命的观点所俘获而埋单吗？

想让你的客户被你有价值的短信所彻底震撼而成交吗？

想让你的客户在看到短信后主动找你，哭着喊着认为找到知音，一定要报名吗？

你还在等什么？市场部最新工业化武器：团队营销工业化训练营——客户维护短信第一期出台了！

请各位查收附件，立即进入战斗状态。

以上是某企业市场部的员工设计的新的营销策划。这就是一种渴望得到他人认同并塑造自身工作价值的做法，但是没有技巧性，这种分享或许得不到别人的认同。那么在员工分享工作价值的过程中，通过什么方式才能得到他人的认同呢？

各位讲师部同事：

××精心收藏吐血大奉送了！快来抢吧！

目前公司的第二支讲师团队正在飞速成长，各位优秀的讲师也需要进行各种课程的个性化提升，这其中，包括你们的课件需要进一步专业化、创新化，这才能体现出职业培训师的真正风采。

因此，各位同事：

期待你做出的PPT绚丽无比吗?

期待让你的PPT作品从业余选手的杂乱无章，变成专业选手的无比规范、职业吗?

期待有很多现成的模板使你的PPT制作变得简单轻松，不浪费时间却倍显水平吗?

期待各种底纹、图片、插图、专业表格、咨询工具、教学图具成为你制作PPT的必杀秘籍吗?

吐血分享PPT制作工具库，一次性贡献珍藏多年的PPT制作秘籍，请立即登录服务器：××，你就将获得很多制作PPT的好东东!

别再犹豫，别再露出不相信的眼神，请立即行动，收藏！收藏！收藏!

当然，也别忘了顶……

附件先送个小礼物，嘿嘿，让大家先看货感受一下！不顶就说不过去了。哈哈，好东西分享才会快乐。

××副总经理、企业管理特级培训师

根据以上资料可以看出企业内部分享价值被认同的几种方法。

扩大企业员工在工作中遇到的困难，让员工心中产生共鸣。给出员工解决当前难题的希望，并且强调问题解决的难度。在这里可以多用问句、多列数据、多用流行语言、多用“赶紧、马上、立刻”等即时性词汇，在最后还可以适当地加一点利益诱惑，使用正确的方法就可以用文字来塑造工作内容的价值并得到他人的认可。

商业交换是提供客户所需商品的服务行为。但是这种行为不是仅存在于企业外部。企业管理者要时常提醒员工，他们并不是在为企业工作，企业是员工的客户，这也是一种商业交换。企业卖的是商品，而员工卖的是固定的工作时间与工作成果。全员营销是为了让全体人员都投入到营销活动中，最大限度地调动企业内部的人力资源。转换员工的商业交换观念，鼓励内部商业思维是实现企业全员营销的重要方式。

企业文化需要营销、企业产品需要营销、企业战略方向需要营销。世界著名营销专家菲利普·科特勒认为：企业所有部门为服务于客户利益而共同工作时，其结果就是整合营销。所以作为企业管理者，要清楚全员营销对于企业发展的重要意义，营销并不是一种单一的企业功能，而是整个企业的商业活动。

分享时刻

互动——通过营销传播企业文化。

思考——全员营销对于企业文化建设与推动，对于企业发展有何作用和意义？

全员营销是如何帮助企业文化在员工之间以及消费者之间进行传播的？

讨论——企业文化的推动是否举步维艰，进展缓慢？

企业目前是否有全员营销的理念？

如何在企业内部推行全员营销的理念和方式？

打造商业人格文化的步骤

员工如何处理与企业之间的关系？这是很多企业管理者讨论的永久话

题。员工应该如何应对自己的工作？管理者又如何应对企业中存在的商业活动？这些都需要以商业人格为基准的工作心态与处事方法。商业文化——现代企业的核心文化，靠原则做事，用结果交换。那么，在当今社会市场经济体制下，企业管理者打造商业人格的步骤是什么？

1. 了解公司的含义

公司是商业的交换平台，对于企业客户来说，公司是为客户创造价值，以此获取利润的商业组织。对于企业员工来说，公司是员工以工作成果作为商业交换，而取得商业回报与成就的平台。

公司的有限责任是赢利，赢利是企业生存之本，而赢利的来源就是企业客户。公司的存在并不取决于投资人具体是谁，从公司诞生的那一天就是属于社会的而不是属于个人，公司也只是为社会服务。

公司的前进动力源于企业内部的竞争力。公司的生存基础就是需要一个满意的赢利业绩，而强大的竞争力才是企业赢利的核心基础，也是公司安身立命的必要因素。但是企业内部员工均是在公司这个平台上进行商业交换的，所以应该是集体共同创造企业财富。要避免员工产生商业交换上的误区，在公司中不能存在谁为谁打工或者谁替谁卖命的关系，这些都是商业交换的过程。

2. 规范公司商业准则

公司在经过五年或十年的发展之间，无论是内部环境还是外部市场都会不断地发生改变，但是公司的商业准则是一成不变的。表现出做事有准则，做人有原则的商业态度才能留住公司最大的资产——企业客户。商业准则对内主要体现在员工相互之间的商业行为监督、管理者与员工的个人行为、自觉营造优质工作环境的意识、尊重公司以及其他个人的隐私与商业秘密等。对于公司外部来说，商业准则的核心就等同于社会道德法则：遵纪守法、尊重他人、善待客户、诚实守信等。

3. 树立商业氛围和职业环境

商业氛围与职业环境的树立直接受公司内部人员竞争力大小的影响。全员营销就是在企业内部树立商业气氛与职业环境的手段之一。通过公司整体员工的共同努力目标，才能正确导向企业的发展方向以及团队凝聚力的加强，而企业凝聚力的加强又恰好可以作用到端正公司员工的职业态度上。这样就形成了企业内部文化的良性循环圈，促进了企业文化的巩固与发展。

4. 体验社会标准、学习优秀组织

俗话说："学如逆水行舟，不进则退。"要想打造公司商业人格不仅需要全体员工对企业准则的实践，而且还要将企业准则的实施落实到社会标准上。取长补短、共存在、同进退。同理，企业商业人格的完善也不能只依靠公司自身制定的商业准则。收集更多成功企业的商业准则案例，学习优秀企业组织的同时也得仔细观察其中值得商榷的制度，或者不符合本公司实情的制度。商业人格文化并不是越多越好，优秀的商业人格准则才是值得借鉴的。公司高层一定要杜绝五花八门的企业文化"乱入"公司内部，做到宁缺毋滥。

5. 树立商业人格标杆，做商业人格文化的总结与传承

如同企业内部需要树立业绩标杆一样，公司内部同样需要一个商业人格标杆来规范其他员工的商业行为准则。对于商业人格优秀的员工，可以适当地进行褒奖，这样可以形成员工之间针对商业人格而产生的内部竞争力。

商业人格的文化，是企业文化中的核心。当今社会，企业之间竞争压力的增大导致社会生活节奏的加速。企业中的大多数员工都对自身的工作存在厌恶之心，觉得每天的工作枯燥乏味，毫无激情的工作环境又谈何形成商业人格，谈何传播企业文化。

文化需要传承、企业需要发展、人格需要培养。对于企业管理者来说，制定一个企业文化发展战略目标就像是在指挥一场企业内部没有硝烟的战争，坚持"改革"才能获胜。守住企业原则本心、攻破固化思想枷锁，只有不断创造才能做到商业人格文化的传承。

分享时刻

互动——依照步骤有序打造商业人格文化。

要求——学习理解商业人格文化建设的具体步骤，了解每一步步骤的作用。

讨论——如何根据五步步骤制订出具体的执行方案，帮助企业打造商业人格文化?

商业原则 = “商业法律”

企业管理者在企业内部设立的企业行事原则往往就是公司内的“商业法律”，它规范了员工的商业行为准则，也培养出了员工商业人格的模型。“必须执行”是企业原则的主要核心体现，违反“商业法律”的员工必将遭受严惩。

制度大于总经理，原则大于制度。靠原则做事、心中有原则，人才有独立的人格和内心的强大。企业管理者必须尽早树立企业“天条”法，构建企业的行为原则标准，让“天条”文化深入人心。世界第一 CEO 杰克·韦尔奇曾经说过：“假如一个经理人不创造数字，而是实践价值观，我会再给他一次机会。如果他不按照 GE 的行为规范做事，那么他永远不会有第二次机会。”这就是企业基本法，一个世界级的 CEO 就算面对一个无法创造企业赢利的经理都会选择原谅，并且给予机会。但是一旦违背了企业基本法，无论是谁，都不可能得到原谅与机会。这就是“天条”式管理的严谨且强硬的态度。

（1）有意违犯安全规范或不服从指示而影响工作伙伴和顾客的安全。

（2）填写麦当劳文件时间虚报资料。

（3）未经批准挪用公司的钱财或不及时将公司的钱放入保险柜或安全的地方。

（4）假编申请表或有关雇员的虚假信息。

（5）不全额支付或未得到正常的批准擅自拿取或赠送麦当劳的食品和麦当劳的财产给他人。

（6）向任何人（包括对新闻界、电台、电视台和媒介代表）陈述或泄露有关麦当劳的财务或贸易秘密和/或机密信息。

（7）故意对任何“免费食品”赠券不收账和/或记账。

（8）在非工作时间内未经批准或未付款就使用公司食品。

（9）对雇员和顾客粗俗的举动，对同事和顾客使用下流的、猥亵的、侮性的语言（如性骚扰）。

（10）不立即报告任何严重的慢性病或传染病特别是肠道传染病，或故意危害雇员和顾客的健康。

（11）来餐厅上班时，尚未摆脱酒醉或毒品作用。上班中喝酒或吸毒，或在公司内使用、藏有、接受、处理或出售酒精或毒品。

（12）接受承包商或货物供应商的礼品或任何财务方面的利益。

（13）在时间卡上填假记录或为其他工打卡或是欺骗出勤。

（14）未经麦当劳的允许为获利而为其他雇主工作或经营其他生意。

（15）违反麦当劳保全、安全政策，给公司造成损失。

以上是全球大型跨国连锁餐厅麦当劳制定的《立即解聘的员工行为》中的前十五条。对于企业来说，企业的原则就像是社会的法律法规一样，没有原则规范的企业内部必然是混乱不堪的。

合理地制定企业准则需根据自身企业的营业方向与营业模式来进行，如何让员工自行遵守企业基本法，遵守企业原则就要通过企业惩罚机制来辅助落实。麦当劳是餐饮行业，因为除了为自己的企业赢利负责还要为顾客的健康负责，所以才有了“立即解聘”这种强硬字眼的出现。那其他行业的企业管理者该如何把握好惩罚的度呢?

总则，对员工行为的处分，按照职业化原则分为四级。第一级为口头警告，第二级为书面警告，第三级为严重违纪，第四级为辞退。

第一级：口头警告。对员工轻微过失或工作有误，提出口头警告，给当事人提供一个立即改正错误的机会。

第二级：书面警告。当员工的行为出现比较重大的过失，影响到公司利益或公司正常经营行为的时候，就要提出书面警告以对犯错员工的问题进行警告。受到书面警告的当事人，可以考虑减薪、降级，或待岗。也可以在受到三次或三次以上口头警告时自动转为书面警告。

第三级：严重违纪。这是指员工行为出现重大过失，严重影响到公司利益或者公司正常经营行为，提出严重警告。

第四级：辞退。当员工出现公司定义的不可容忍的行为，或两次严重警告，即会立即被解雇，且无权领取或获发任何解雇费。

在符合企业环境的前提下，企业管理者制定企业原则，就应嘉奖自觉遵守原则的员工，严惩触犯企业原则的员工。赏罚分明，丝毫不怠。要一直遵循：企业原则即是企业文化规范路上的“天条”法。

分享时刻

互动——制定企业的“法律”。

思考——企业目前的规章制度是否符合商业原则?

规章制度的检查和执行是否到位，是否严格?

讨论——如何依照企业的商业原则制定或修正企业的规章制度?

对于违规现象的发现与措施的执行要由谁负责?

怎样才能保证“执法”的公正透明?

我的员工值多少钱——社会标准法

员工的工资到底达到多少才能令员工满足？让员工自己去体现社会标准，认清自身价值才是根本。

工资不是员工自认为以自己的能力应当换取的价值，而是社会标准法对他们能力价值的估算和判断。每个月让员工参加一次社会招聘会，感受求职压力与竞争压力的激烈，才能在社会的人才市场中找到自己的社会身价，修炼社会人心态。这是一种让员工看清自己能力的有效方法，要结合市场的实际告诉员工“没有金刚钻，就没办法揽瓷器活”的道理。

为什么有人穷？为什么有人富？用一些深刻的财富必答题让你的员工从自身的角度出发，认清自身的财富价值观。

有很多员工抱怨自己的薪水太低了，甚至是对着上司大加抱怨。其实，一方面，员工的工资并不是员工自己认为的创造多少的价值，而是取决于社会上的标准水平；另一方面，员工应该考虑到公司的实际情况，比如，某员工在一个勉强可以维持的小公司和另外一个在著名外企工作的员工，他们就很可能做到工作很类似，工作量也差不多，可是外企员工肯定就比私企的员工工资多得多。每个人都有自己的财富观，对于员工来说，更是喜欢以自己的财富观来衡量自己的工资。

当然，仅仅有财富价值观并不能决定工资的多少，除了认清员工的价值，也须认清员工本身在企业中是否拥有优良的商业人格。

1. 是否有忠心、有担当

企业总裁是喜欢忠心，对企业认真负责的普通员工，还是喜欢朝三暮四，不把工作当回事的天才员工？答案是不言而喻的。一个企业也许会毫无顾虑的开除一个工作能力极其优秀的员工，但是却都会尽力留下每一个对工作尽职尽责，忠心耿耿的普通员工。因为这群员工对企业有依赖感、有归属感，他们会拿出自己最好的状态去面对每一天的工作，他们会成为企业一路走来的“先锋队”，他们也是企业中发展前景最大的员工。

2. 是否有上进心、办事效率高

在企业中，上进心强的员工往往是企业中最大的潜力股，他们任劳任怨，为的就是在工作中不停地锻炼自己以提升自己的工作准确性与效率性。员工上进心强，工作效率高是每一个企业管理者都希望看到的。

3. 是否经常沟通、融入团体

新员工往往都存在着一个问题，“与其他员工不交流、与小组组长不交流、与部门经理不交流”。把自己的思维紧紧锁在一个狭窄空间里的员工是没有提升空间的，沟通是人与人之间拉近距离的桥梁，也是企业与员工之间的价值观相互渗透的手段。经常与其他人进行交流沟通的员工，才能更快地融入到企业的团体，并通过与他人的沟通完善自身的能力。

4. 是否工作有成果、成事不骄傲

企业是以赢利为目的的组织，员工的工作成果直接影响着企业在经济市场平台中的价值。无论是商业精英，还是呆童钝夫，只要员工能够按时完成他的工作，无论是巧方法还是笨方法都不是至关重要的，毕竟两者都给企业带来了赢利的结果。企业员工完美完成了他的工作，获得成就之后，沉着冷静的表现是最难能可贵的。做事不张扬、才高不自傲，这样才不会造成荣誉带来的虚荣心泛滥导致工作中频频出错。

5. 感恩的心

员工无时无刻都要怀有一颗感恩的心，“滴水恩，涌泉报”的品行在企业中至关重要。这不仅可以增进企业员工之间的感情、增强企业的凝聚力，也是建立和谐企业文化的必要前提之一。

员工对自身价值的理解加上管理者对员工品行的判断，就构成了以社会标准法为工具，度量员工工资的基本体系。员工的酬薪是员工在社会中

安身立命的基础资源，而没有了员工，企业就无法在社会中存在。两者本身就不是雇用与被雇用的关系，而是一种普通的商业交换与商业共存。员工出售的工作成果有多大的价值，是以社会标准法进行分析而得出，而不是企业中某一个人说了算的。

分享时刻

互动——启发员工认清自身价值。

思考——企业是否存在员工对于报酬不满的现象？

是否有员工认为企业没有给予他应得的薪水、职位？

实践——通过五大问题让员工认识到自身的缺点和不足，认识到自己对于企业的真正价值是多少，意义有多大。

第四章

缔造企业文化的核心思维——结果导向

结果导向是质量管理体系、绩效管理理论中的基本概念和核心思想之一。它强调企业经营、管理及工作结果。结果导向与企业文化在实际企业运作中是存在冲突的，但是企业文化又必须建立在企业结果导向之上。如何以正确的方式打造企业结果导向文化是当今国内企业文化发展中的难题之一。

结果导向的内容

企业中的结果导向就是对企业制造价值的导向，只有利益结果才是企业需要达成的目标。结果导向体现在企业商业活动中的方方面面，比如，锁定客户需求的结果，发挥主观能动性实现结果的意识和能力等。那么结果导向具体包括什么内容呢?

1. 以结果为工作的出发点

在企业中，工作任务与工作结果是貌合神离的两个完全不同的企业目标。看似大相径庭的两个词汇却表达着不同的含义，前者强调完成，而后者强调结果。例如，企业里的两个员工在相同的时间里做着同样的工作，甲员工在工作期间拉拢了十个企业客户，最后有三个客户与企业发生了商业交换。而乙员工也拉拢了十个客户，最后却没有任何客户与企业合作。两者都做到“在工作”这个任务了，但是只有一个人为企业创造了赢利。所以，要以结果导向作为工作的基本出发点来创造商业价值的结果才是工作的意义所在。企业客户与企业之间交换的是结果，而不是努力工作的过程。

2. 以结果为导向的检查法

以企业每个季度的绩效为工作结果来反映企业营业导向的路径正确与否。一个企业的战略目标与战略方针并不是为企业的发展过程而服务的，企业在发展过程中的进步与成长固然重要，但是企业的目标是忠于赢利结果的。不能产生商业价值的企业就没有存在的价值与意义。

3. 以结果为价值的标准线

一个员工在企业内创造了多少价值，在企业核对赢利亏损时就可以很直观的看出来。无论这个员工在工作上多么努力、多么积极、多么废寝忘食，只要他没有给企业带来赢利，那么他对于企业来说就是没有价值的，企业的结果导向不会受到同情、亲情等多方面情感因素的影响。“有”或者“没有”，“是”或者“不是”，企业是以结果为价值的标准线，而不是员工加班的时间或者员工带来的潜在客户价值。

4. 以结果为方向的成长路

只有根据企业的商业价值结果才能分析出企业经营的现状，也只能根据企业的赢利结果才能准确制定企业的发展策略。任何企业的成长都不能只建立在企业生产力的提高、企业凝聚力的增加或者企业员工的不懈奋斗上。这些因素只能促进企业的发展，而企业真正意义上的扩张、壮大是需要依赖经济基础的，只有企业的结果导向才能反映出企业真实的市场竞争力。

既然企业是以结果导向为基准，以商业赢利为成长养料的，那么打造结果文化，导入员工的思想才能维持企业天平的守恒稳定。

认真第一，聪明第二——没有认真就没有结果；

结果提前，自我退后——没有对结果的规划与执着，就会降低自身的商业价值；

锁定目标，专注重复——只有不懈的努力，正确的方向，才能真正实现企业的结果导向；

决心第一，成败第二——下定对产生结果的决心，在不断的实践中摸索成功的道路；

速度第一，完美第二——高速率的工作状态，才能在失败中磨砺完美的细节；

结果第一，理由第二——工作上存在困难的理由，永远不是结果导向同情的对象；

没有对文化的深刻理解，就没有办法科学的执行企业运营机制；

没有对结果的深刻理解，就没有办法有效的提高员工工作效率。

企业需要发展，就要依靠持久的生产力与工作效率。但是企业是需要持续发展的，只有源源不断的产生经济赢利才能维持整个企业的日常运转。毕竟企业的生产力并不能直接转换成企业能够利用的价值，对于结果导向文化来说，“没有功劳，也有苦劳”这句话有着本质上的错误。不思进取，得过且过的内部员工不仅不能给企业带来经济资源，而且还会大大地影响企业内部人力资源的合理分配，是阻碍企业前进的绊脚石。

员工对于结果导向的追求，一方面可以增加自身的能力，另一方面也会通过自身能力的提升来为自己创造更多的价值利益。而企业对结果导向的追求，则是一种对企业执行力的追求，以及对企业持续性发展的追求。

分享时刻

互动——了解结果导向的内容。

思考——我对于结果导向有哪些认识错误或是不足的地方？

讨论——如何根据结果导向的内容设立具体的企业基准？

打造结果导向文化的步骤

打造企业文化中结果导向文化是一个非常精确的过程，企业文化的核心是以企业员工为本，善待员工，鼓励员工的过程。而结果导向文化是强调员工价值结果，不重视员工工作心态的过程。两者期望达到的企业目标虽然相同，但是对待员工的工作理念却针锋相对。如何更好地完成结果导向文化的传播，还需要按部就班的细心执行。

1. 结果的含义

结果是实施一系列行为后所产生的影响，这种影响是直观上的影响，可能是积极的也可能是消极的。对于企业来说，结果就是企业在进行商业活动后的赢利或者亏损。而对于员工来说，结果就是工作成果给企业带来的实际价值。

2. 结果背后的意义与责任

让企业员工理解工作结果对于企业发展的重要意义，并加深员工对企业的责任感。

王林是一家汽车零件供应厂的检测工人，主要是检查零件在出厂时的质量问题。超负荷的工作量导致他每天很早就得起床工作，直到深夜才能休息。有一次他忍不住对妻子说："我太辛苦了！我必须要求加薪。"隔天清晨，王林直接推门走进了老板的办公室，但王林的老板就像是早已坐在椅子上等着他一样。

"嘿，王林！我猜你一定有重要的事情找我。"

"是的老板，我每天的工作起早贪黑，这使我很疲劳，我希望我的工资能根据我的工作量来调整。"

"当然可以，那请你带我去看看你每天的工作量吧！"于是两人缓步走到工厂的生产车间。

王林指着正移动在流水线上的小零件说道："老板，这样的零件，我每天都可以检查一万只。"老板笑着没有接他的话，他指了指在流水线上的另外一个人。

"你认识周传吗？"

"当然，他每天只负责把零件装进箱子。天呐，就算是这么简单的工作，他的工资也竟然比我高！"

老板摇着头，拿起了一个零件："王林，你能看到这个零件的问题吗？"

"当然可以！"

"但是，这只零件是我在你已经检查过的零件里找到的，而且里面还

有很多呢。”他一边说着，一边又拿出了更多的“问题零件”，“周传除了负责每天的零件装箱之外，还负责检查你不小心漏下的零件问题，所以他的工资比你高。毕竟这本来就应该是一个人就能完成的工作，虽然你每天十分劳累，但是你的工作结果却不能让我满意。我只能再花上一笔钱去雇人协助你完成这个工作。”

从那以后，王林再也没有提过关于涨工资的事情，但是他每天的工作质量却越来越高。最终，他还是如愿以偿地得到了他应得的薪酬。

让企业员工了解公司结果背后真正的意义，让员工主动挑起创造企业价值的大梁。

3. 树立做结果的氛围和检查的机制

管理者可以在企业经营的每个季度的结尾，用表格列出企业各部门的营销业绩，并让各部门经理将每个内部成员对企业创造的利润进行具体的统计。将制作好的表格张贴在企业内部的“文化墙”上供员工参考。这样员工不仅可以一目了然地看到企业内部各个部门的赢利，也可以发现企业内部业绩短板，并通过研究分析加速完善企业的营销机制与经营方向，企业部门之间的业绩比拼也极好地营造了企业“做结果”的环境与氛围。

4. 震撼员工，使之对结果有“追求”之心

在每周的会议中传递更多有关创造企业业绩神话的案例，将其中代表性的人物与事件突出列举出来，让他们创造出来的企业价值震撼员工，并激发出员工的潜能与价值意识。企业管理者也可以通过自身的努力创造出一个企业内部前所未有过的业绩高峰，这样才能有效地刺激员工对结果有“追求”之心。

5. 树立结果导向标杆

树立企业内部业绩优秀的员工为企业结果导向的标杆是一个提高整体员工结果导向意识的合理办法。但是树立自我标杆意识也是一个很有效的方法。

日本东芝公司就在内部实行了树立员工自我标杆意识的策略。公司在设置策略时，员工的工作要求一般都必须在员工的能力之上，也就是说，如果员工拿得起100千克的东西，就交给他120千克重的东西。这样做实际上就把员工置于一个高于自己能力的职业上，将员工超量完成工作的能力看作是自己的标杆，这不仅体现出了企业对员工的期望，也同时激发了员工的创造性，提升了员工的能力，从而最大限度利用了企业内部的人力资源。

树立结果导向意识，以结果文化来做竞争，在竞争中成就企业的战略！

分享时刻

互动——打造结果导向文化。

思考——结果导向对于企业发展有什么意义？

企业文化的建设是如何促进结果导向理念的传播的？

结果导向文化应当如何打造？

实践——根据结果导向文化的打造方法与步骤，结合企业实际情况，制订具体的执行方案，安排执行负责人，保障文化建设的顺利进行。

数据事实法

数据事实法，即以精确的数字来直观地体现出员工的工作结果价值。强调用数字说话，从量化的结果中培养结果导向文化。

新员工入职的结果导向法

尊敬的×××员工：

很高兴你加入我们公司，为我们的事业而一起奋斗！非常期待能在将来的工作中，与你携手合作，共同成就属于我们的成功！

既然加入公司，我希望清楚地告诉你现在公司正为你付出什么，并且我们很期待你用商业契约的行动力与执行力，带给我们成本之后的惊喜！

你现在的薪水为：4000 元。

公司投入在你工作成本上的费用大概为 6000 元（主要包含成本摊销、管理运营、办公费用等费用）。

这也就意味着目前公司需要每月在你身上投入 10000 元的成本！

你应该知道，我们之所以愿意请你加入我们的阵营，是因为我们认为你完全有能力每月创造远远超出这 10000 元的结果，我们甚至期待你用更加出色的工作绩效来证明你的优秀，这样我们就有了为你加薪的理由。

如果仔细算一下，你每天创造的结果，其价值必须超出 410.05 元，我们认为这就是你每天工作的一个最低限度，只有你的工作所创造的价值每天都远远超过这个数字，我们的公司才能不断发展、你本人和企业才能得到较大的提升。

在你每天工作完毕，提交工作报告时，我希望你能记住你今天为公司创造的具体价值，它将是检验你结果的一个不错的标准。如果说我们的公司是一辆战车，那你每天的结果就像每一个螺丝、每一个弹簧，要知道你如果不能提供或者你的价值不合格，都很有可能导致我们整个公司出问题！相反，你出色的结果，对我们整个公司来说则非常重要！

未来一个月内，我们会逐渐习惯这种工作沟通的方式，我若有时间，或者有新的要求，会给你回复邮件。加油，期待你每天踏实、认真、卓有成效的工作结果！

以上就是一种典型的数据事实法，用410.05这个数字来使员工认清自身每天应该奋斗的目标与方向。

同理，给员工发一封简单的邮件，用最精确的数字告诉员工，他在企业内部的价值以及他应该为企业创造多少价值。数据是不会欺骗市场的，一个专业的企业资产评估人可以在很短的时间内通过企业给出的数据来判断这个企业还有没有发展前景。

对结果负责，就是企业员工不断追求极限，超越自己的过程。只有真实的业绩数据，才可以有效地保证内部员工的工作质量，才能营造出良好的工作氛围。而且数据事实对于企业内各部门的竞争力的提升也具有很大的影响，毕竟能给企业带来直接价值的员工才是企业在发展过程中需要的员工，企业内部同样是一个弱肉强食，能者居上的环境。这样才能让员工为了在企业每个季度末尾的营销数据的提升，不断提升自身的结果导向意识。

分享时刻

互动——了解数据事实法。

思考——数据事实法对于企业发展有什么意义？数字是如何体现员工工作结果价值的？

实践——结合企业实际情况，利用数据事实法强化员工对结果负责的职业意识，打造以结果为导向的企业文化氛围。

细节制胜法

大礼不辞小让，细节决定成败！鼓励员工在对待自己的工作时对细节的把握，端正工作态度、提高工作质量、树立工作观念，这样才能让结果

导向文化的发展与传承得以完善。

每逢节假日，铁路客运就非常紧张，旅游旺地就更是如此。

北京某公司要派十个人去青岛参加一个展销会，根据展销会要求必须在“五一”这天赶到会场。4月27号（预售的第一天）一大早，公司就派小李去火车站买车票。早上六点，小李就早早地去了火车站，没想到，虽然他来得很早，火车站的售票处依然排起了长龙。下午，小李满头大汗地回来了，说：“售票处人太多了，我排了几个小时的队才轮到我，但是窗口所有的火车票还是都卖完了，没办法，我只好回来了。”再细问，小李什么都不知道了，老板非常生气，将小李训了一顿，批评他不会办事。小李感到很委屈，心想，我辛苦了一天，的确是没票了，为什么还要怨我？

第二天公司又派小程去买票，他的回答是火车票确实卖完了，我找到一些解决问题的其他方法，拿到老板的面前，请老板决策：

（1）买高价票，每程要多花100元，现有15程；

（2）托朋友找关系，可将10人送上车，但晚上没地方休息；

（3）中途转火车，北京到日照有N趟，出发时间××，到达时间××，日照到青岛有N趟，出发时间××，到达时间××；

（4）坐飞机。××日有N班飞机，时间分别是××，费用是×××元；

（5）乘汽车。包车费用是×××元，乘豪华大巴每天有N次，时间分别是××，票价是××元。

看到小程递过来的方案，老板很快确定了方案，并对小程进行了表扬。

从上面的案例可以看出，小程提出的方案之所以得到了老板的认可与表扬，其原因就在于对细节的把握。不仅要产生结果，而且根据不同的前提，不同的条件还可以产生更完善、更理想的结果，这就是结果导向文化中细节处理的关键作用。同样，管理者也可以将员工的工作结果细致的程度分成九段，即“九段岗位评估”。它是以具体工作为基础，通过九次递进方式实现结果的提升，这种方法可以清晰的评估员工对待工作的细致程度。

以请顾客吃饭的订餐工作设置九段岗位评估为例：

一段：随便订点，什么时候有时间什么时候去吃；

二段：提前预订，这样可以保证有位置；

三段：了解需求，保证无特殊口味要求；

四段：分析规格，保证合适的商务礼仪和公司形象；

五段：提前检查，保证包厢、座位、菜肴、服务到位；

六段：预先采购，减少酒水类的成本支出；

七段：专业引导，保证客户迅速到场、入座；

八段：知会陪席：让公司主陪席人知悉客户的信息，了解情况；

九段：制定流程：让接待客户吃饭流程化，供应商采购标准化。

在安利公司中，就有一种名为“宝石级奖金”的计划。

美国宝洁公司在推出汰渍洗衣粉的时候，市场占有率和销售额就以惊人的速度攀升，可是没过多久，这种势头逐渐就放缓了。

宝洁公司对此进行了大量的市场调查，结果，终于找到了原因。据一个消费者说，汰渍洗衣粉的用量太大了。当问及原因时，消费者说：“你看广告中倒洗衣粉的时候，倒了那么长的时间，所以它当然洗得干净，其实只是因为它用得比较多。计算起来根本就划不来。”宝洁的品牌经理立即把广告找来，掐算了一下展示产品部分中的倒洗衣粉的时间，汰渍用了三秒钟的时间，而其他的洗衣粉的广告则仅为1.5秒。

也就是这么一个小小的细节，导致汰渍洗衣粉的销售量和品牌形象受到了极大的影响。好在宝洁公司及时对这个广告进行了修正。

在当今市场竞争激烈的环境下，任何细节都不能疏忽。只有掌握了细节，才能够让自己的企业获得更大的发展和更广阔的前景。

鼓励在做事细节方面考虑周全、仔细将结果真正做到位的员工、鼓励将事情做到极致，诞生超值结果的人。企业内部存在着方方面面的细节问题，企业的每一次成功或者员工的每一次成就都是对细节问题完美处理的体现。

分享时刻

互动——掌控结果导向。

思考——数据事实法和细节制胜法包含哪些内容？具体是如何实施的？

对于企业结果导向文化的建设有何具体作用？

讨论——企业内部结果导向文化建设状况如何？

是否应用了数据事实法和细节制胜法？

实践——根据两大方法的内容和特性，制订执行方案，提高对员工的工作要求，做好详细的记录，进行定期考察，奖优惩劣。

第五章

缔造企业文化的核心思维——客户价值

“顾客就是上帝”，无论企业处在什么阶段，只有满足了客户的心理需求，才能满足企业的生存需求。企业文化的经久不衰永远建立在客户价值之上，企业的营销策略以及发展渠道也都是以客户价值为中心点进行拓展开阔的。

客户价值的内容

客户价值是指客户与企业之间在进行商业交换过程中，对各自所形成的价值观念。从企业的角度来讲，客户价值是从客户的购买中所实现的企业收益；从客户的角度来讲，客户价值是客户自身从企业商品或者服务中得到的需求上的满足。那么客户价值包含哪些内容呢？

1. 以客户价值为经营底线

对于企业来说，客户价值所带来的企业收益是企业在经济活动平台上赖以生存的基本资源。企业的经营理念、销售机制、管理方针等各方面商业因素的形成都是在客户价值的影响下逐步形成的。企业所能创造的实际商业价值，不会只接受企业生产力与社会企业竞争力的影响，从创造价值的基本意义上来说，它仅仅服务于客户价值。所以，凡是有关于企业客户价值的商业因素，企业管理者都必须做到一丝不苟、毫无懈怠，并坚持以客户价值为本的企业发展策略、以客户价值为重心的经营底线，要清晰地认识到只有客户价值才是企业产生赢利的根源所在。

2. 客户为核心的思考模式

以客户为本、尊重客户的选择、满足客户的需求，企业的经营模式原点就应该是坚持想客户所想、做客户所做、以客户为中心的核心实践理念。正如世界上不存在两片相同的树叶一样，每个企业客户对待企业商品的价值观以及心理需求也都是大同小异。为了满足大部分客户的需求，企业在商品生产中已经基本实现了满足客户的“大同”思维，但是妥善处理客户“小异”思维的过程才是真正阻止企业客户价值流失的关键所在。企业管理者要对当前商业市场进行透彻的分析，尽量让企业商品以及企业服务可以满足所有社会人群的需求。这一点，小米公司就做得非常优秀。

在当今通信设备群雄四起的商业环境下，一个成立不过4年的科技公司到底凭借什么能力占据着通信科技的主流市场？客户需要实用，于是小米就实用；客户需要便宜，于是小米就便宜；客户需要高端，于是小米就高端；客户需要新潮，于是小米就新潮，这种无时无刻都跟着市场人群的思维变动的产品可塑性就是小米成功的万能钥匙。

企业需要得到市场的认可，就必须真正本着以客户为“上帝”的理念，做到以客户为核心的思考模式来建立自身的营销机制与商业产品。

3. 以客户满意为工作结果

客户价值的实现成为所有企业的基本需求，“以客户为本”的口号响遍了各大企业中。但是商业活动中真正做到“以客户为本”的企业却寥寥无几。真正的客户价值主要体现在让客户满意的工作结果，即重在结果，而不是为顾客服务的过程。

某市新开了一家饭店，该饭店打着“以客户为本”的旗号大肆宣传。果然，在饭店开张当天高朋满座，来往的食客接踵而至。大家都惊叹于饭店提供的服务，所有服务人员使用着十分标准的敬语，饭馆内部的装饰雍容华贵，各式各样的茶水点心应有尽有。每个包间内部都配有电视、电脑甚至冰箱，随叫随到的服务人员基本会满足顾客的所有要求。但是饭店从开张当日以后就再也没有人光顾过，大部分的顾客都表示：“饭菜太难吃，不合胃口。”

案例中的饭店虽然打着“以客户为本”的口号，也确实让顾客亲身体验了周到的服务，但是如此尊重客户的饭店为什么还是不能留住客户价值呢？其根本原因就是并没有让客户得到满意的结果。企业在与客户的商业交换中，对客户的尊重以及服务态度固然十分重要，但是交换的核心在于顾客对主营商品的满意程度，企业的商业活动必须要以客户满意为工作

结果。

4. 以超越期望为结果要求

当顾客需要一杯咖啡时，顺带附送的两包砂糖；当顾客需要面包时，赠送的一杯牛奶，这就是超越顾客期望值的服务。在满足顾客需求的基础上为顾客带来更多的服务才能为企业带来更多的客户价值，就像现在的电视购物或者网络购物中的买一赠一活动。企业对待客户价值的态度不能仅仅只是“满足就行”，通过企业管理者对企业客户的深入了解与认识，还要学会去满足客户内心深处的心理需求。只有这样，企业才能在拥有大批忠实客户的基础上，吸引更多市场中的潜在客户，从而实现客户的品牌忠诚度与品牌信仰。

分享时刻

互动——认识客户价值。

要求——认识客户价值对于企业文化建设及企业发展的意义。了解客户价值具体包含哪些内容。

讨论——企业在实现客户价值方面还有哪些地方没有做到位？如何根据内容重新定义客户价值？

打造客户价值文化的步骤

时过境迁，国内目前的经济市场重心已经由商品的多样化转化成以客户为主导的经济时代，客户价值对于企业的影响已经基本控制了企业的生存命脉。那么，企业管理者应当如何一步步的构建客户价值文化呢？

1. 明确客户价值的地位

客户价值的含义是什么？想要真正的在企业内部形成客户价值思维首

先就必须让员工明白什么是客户价值！客户价值即企业与客户之间积极的商业交换结果，企业出售的商品满足了客户的需求，客户才会为他得到的服务支付价值，这种双赢的商业交换模式才能使企业实现真正的客户价值。没有客户价值就没有企业的存在，顾客是企业的“老板”、是企业的无形资产、是企业发展过程中的唯一经济资源！

2. 没有客户价值的后果

如果企业内没有客户价值可言，那么这个企业就是一个“空壳子”。在企业的建设过程中贯穿发展低谷到巅峰的主要因素就是企业与客户之间的商业交换。客户价值是企业在社会经济发展中的主要经济来源，企业客户的流失会直接导致企业内部生产链的瘫痪。员工不能得到与工作量相应的报酬，企业仓库囤积了大量无人问津的商业成品与产品原材料，企业内部与市场的商业循环中断很快就会宣判企业的“死刑”。

3. 最成功的客户价值文化

人称“旅店帝王”的美国旅馆业巨擘希尔顿酒店打造成功客户文化的武器就是“你今天对顾客微笑了吗？”希尔顿酒店的服务人员被要求每天在工作时间中必须保持面部的微笑。

康拉德·希尔顿作为希尔顿帝国的创始人出生于美国的新墨西哥州。1907年美国发生经济大恐慌，在那年的圣诞节年仅20岁的康拉德·希尔顿曾对母亲许下誓言：“我要集资100万美元，盖一座以我命名的新旅馆！”功夫不负有心人，之前他用5000美元买的一所旅馆在多年之后已然演变成了5100万美元的资产。当他骄傲地将目前的成就告诉他的母亲时，他的母亲却没有丝毫欣喜，“依我看，你一点都没变，要想成就一番大事业，你眼前还要有一个比5000万美元更有价值的东西。”

“那是什么？”

“那是一个既简单，又不花钱的东西。只要你持之以恒就能够发现其

中蕴涵的大量财富，那就是微笑。”

从那以后，希尔顿酒店就有了一个座右铭：你今天对顾客微笑了吗？这个座右铭最终让康拉德·希尔顿顶着各种商业竞争的压力赚得盆满钵满。希尔顿酒店经过近百年时光的千锤百炼成为当今连锁酒店中的“老大哥”，它在全国各地的连锁分店已经超过了2000多家，这个延伸至80多个国家的酒店已经成为全球最大规模的酒店之一。

希尔顿酒店之所以成功，就是因为它打造了一种独特的客户价值文化。一个简单的微笑就可以打造一个如此庞大的旅店帝国，希尔顿的成功也告诉了所有企业家们一个简单的道理：打造客户价值文化并不需要多么复杂的工序，也许只是一个动作、一种表情，或者一句温文尔雅的问候。

4. 追求客户价值的氛围

一句简单的企业口号，或者一套精炼的客户价值准则是企业内部打造客户价值的良好开端，要求员工每次上班之前都大声喊出对待客户的行为方式。这种方法可以加快客户价值观在企业内部的传播，让每个员工在工作的开端都能深刻感受到客户价值观的重要性与必要性。企业内部应该经常举办以“树立客户价值观”为中心的讨论会，让所有员工都积极参与其中，并分享自己对客户价值观的理解与实践经验，这样企业就能通过每一次的会议来进一步完善企业内部的客户价值文化氛围与文化环境。

5. 树立客户价值的标杆

在每次客户与企业进行商业交谈后，留给客户一个“服务意见卡”并鼓励每个客户都能够认真填写，这样就可以直观地看出员工在提供服务时的不足之处并及时地加以改变。在“服务意见卡”的管理机制上再建立一个“服务积分制”，根据客户的打分来判断员工获得的积分数，并在企业的每个季度末评出“服务积分”最高的员工为“客户价值先锋”并予以奖励，这样就能有效的提高内部客户价值观的修炼。

分享时刻

互动——打造客户价值文化。

要求——学习打造客户价值文化的具体步骤，寻找以客户为中心的优秀企业案例作为榜样，向他们学习是如何实现客户价值的。

实践——先树立正确的思想和理念，再根据企业的产品和服务，制订具体的以客户为中心的执行方案，让客户不仅能从企业获得物质的满足，同时还能获得精神的满足。

企业顾问法

所谓企业顾问就是涵盖了企业管理顾问、企业法律顾问、企业销售顾问等企业因素的战略方针指导者。他们一般帮助企业出谋划策，是企业发展中的“军师”。

“我觉得，应该，我认为”，这些充满了不确定因素的词汇通常都是企业管理者在制定产品销售方针时不经意间犯下的错误，看似微小的错误却总能在企业销售业绩表上表现得十分明显。管理者在经营企业时最忌讳的就是想当然，想做到完完全全的角色互换，设身处地地为顾客着想是一件不可能实现的事情。企业在生产商品的时候几乎都是按照管理者的思路，但是生产出的商品是否能满足客户的需求却要画上一个问号，企业管理者通过对市场进行长时间透彻的分析之后得出的客户价值也未必就能转换成商业价值。这时就需要一个企业顾问来帮助管理者处理企业中存在的各种问题，但是很多企业总裁、总经理都会选择高薪聘请某个久经商场的职业顾问，这样在无形中就进一步增加了企业前期的投资成本。作为企业管理者，一定要以长远的眼光去看待整个企业的发展，只顾眼前的事务，急功

近利的去聘请那些商业名人助阵不仅提高了成本，而且还会降低企业内部其他高层人员的工作积极性，成熟的领导要学会从根源寻找问题所在。

顾客对于企业来说能产生的不仅仅只有客户价值而已，因为顾客使用过企业的产品，享受过企业的服务，所以只有他们这样的群体才真正清楚商品的优劣，才能真正帮助企业出谋划策。同理，对于培养企业内部客户价值文化来说，与其请一个职业化的企业顾问，不如聘请一个优质的客户来担任，毕竟只有客户自身才会了解消费者到底需要什么。

某购物网站的服装店主小张最近忧心忡忡，他的网店由于客流量太小导致大量的衣服积压在仓库，无法售出，他自己想了很多解决问题的方案，但是都无济于事。正在他心急火燎的时候，他的一名忠实顾客给了他一些关于网店产品包装上的建议，而且告诉他应当多举办一些优惠活动。小张半信半疑的听取了那位顾客的建议，果然一段时间之后网店的生意开始出现转机，于是小张决定聘请那位“机智”的顾客来担任网店的销售顾问，后来，网店生意的火爆让小张彻底明白了一件事——“只有顾客才明白顾客在想什么！”

聘请一个与企业有过多次来往的忠实客户来担任企业顾问是一种打造企业客户价值文化的有效手段。一方面，顾客与顾客之间会产生针对于企业商品的思维交集。另一方面，只有顾客最清楚商品的优势与不足，才能进一步完善企业商品的市场满意率。

分享时刻

互动——建立专业的企业顾问团。

要求——客户价值文化的建设需要专业顾问的指导，管理顾问、生产顾问、销售顾问、法律顾问，企业的顾问团体需要涵盖企业运营的方方面面。

实践——以建设客户价值文化为中心，寻找企业现存的急需解决的问题，咨询各个顾问的意见建议，再做出判断。

轮岗体验法

轮岗体验法是指部门岗位之间用轮岗的方式实现换位思考，从不同的角度去体验企业内部与外部客户的需求，锻炼复合型人才。这种方式可以有效扩张企业的人力资源，不仅提高了内部员工的个人能力与客户价值观，也增加了企业的市场竞争力。

1. 节约成本

对于企业来说，举行一次招聘会的成本开销是不可预计的，无论社会人员是通过何种途径前来应聘工作岗位，成功率与满意率都是差强人意。企业需要花费大量的时间去阅读简历、录取面试、考核试用，这不仅浪费了大量企业内部的人力资源，而且会消磨大量的时间去试用新员工。如果新员工达不到企业的预期商业效果，那么又需要重新进行应聘流程，成本高且效率低，但是轮岗体验法就可以很有效地解决这个问题。通过企业内部员工的岗位轮换，管理者可以一目了然地看出哪些员工对于新岗位的适应度与工作效率有明显的优势，这样不仅省去了招聘会所产生的所有成本，也很好地解决了岗位人才空缺的问题，从而避免了由于新员工对于自身业务的生疏导致企业客户价值的流失。

2. 锻炼人才

所谓轮岗体验对企业人才的培养，就是将企业员工每隔一段时间就换一种工作环境、工作状态与工作思维，强调解决事务的多面性，鼓励员工从不同的角度审视问题，打造企业内部核心客户价值文化。

锡恩公司是致力于中国成长型企业的正规化、国际化、持续化的管理咨询公司，也是国内管理咨询公司中实力最强，最顶尖的。为了最大化地实现企业客户价值，锡恩公司对员工提出新的要求，即“飞鹰行动”。公司员工可以每两年申请在企业其他岗位的任职体验，在确认公司岗位平台接收之后，就可以开始进行轮岗体验。锡恩公司的做法无疑是最大限度地强化了企业内部员工的个人能力，这也很好地表达了锡恩公司的经营理念，“专业就是创造客户想要的结果，而非报告”。这就是锡恩对待客户价值的企业文化态度。

对于锡恩公司来说，轮岗体验法无疑是增强企业凝聚力与员工个人能力的良药。通过对员工在不同岗位上的磨炼，使员工拥有更加完整的客户价值观，学会的角度地满足客户的需求。目前在很多国外的企业中，轮岗体验法早已经被当作一种企业机制来运营。

3. 提高员工质量，促进部门沟通

由于企业在经营过程中会不停的面临各种挑战，这就要求企业内部不允许有“短板”员工的存在。通过多次轮岗体验之后，能力较差的员工就会渐渐的凸显出来。在客户价值观中，优胜劣汰同样是企业市场的生存法则，当企业发展到一定高度之后，企业内部所剩下的员工就是企业的中流砥柱，企业也必然是通过他们来传播企业文化，传承客户价值。

企业内部的凝聚力是提高企业生产力的重要因素，通过员工职位的转换，不断扩大员工的工作范围，从而产生企业人力资源的有机流动。企业内部人员的流动性可以有效加固企业团队的凝聚力，促进各部门之间的相互沟通，并在不断的探讨与实践中加速内部企业文化的形成，实现客户价值观的逐个落实。

随着客户价值观的普及，本着“以客户为本”的经营口号，很多中小型企业已经开始摸索形成企业文化所需的必要因素与方法。轮岗体验法是所有方法中最能够调动员工兴趣的企业经营策略，体验不同的岗位可以丰富员工的日常工作环境，并且可以让员工学会根据不同的角度来分析目前面临的工作情况，及时调整自己的工作状态与工作情绪。在培养良好工作态度的过程中，让工作压力渐渐转换成工作动力，有上进心、有动力、有活力的企业才是一个富有生机的企业，才是一个能够实现可持续性发展的企业。

分享时刻

互动——轮岗体验促进员工提升。

思考——轮岗体验对于企业运营及客户价值文化建设有何积极意义？企业是否有让员工轮岗体验的传统或制度？

实践——在严格遵循岗位任职资格的前提下，让员工定期互换岗位，进行相互体验。

品牌积分法

企业中的品牌积分是一种针对员工的激励与约束机制，它是以职业操守为标准，以制度为底线，约束员工遵守行为规范，激励员工用良好的言行建立起受人尊重的个人信誉品牌。它在建立企业内部个人品牌账户的同时，也将客户价值进行量化处理。

1. 约束、激励作用

品牌积分法所建立起的个人品牌账户是一种具体体现员工工作结果的基本行为准则，并针对员工工作质量的优劣来执行相应的加分或扣分制度。它以工作结果为评判标准，保证了企业内部公正、公平、公开的执行员工个人品牌积分法，在各项处罚或奖励出现异议时，可以通过具体的数字进行有效的裁决判断。这样，一方面，员工会为了避免扣分不自觉的受

到行为上的约束。另一方面，高质量工作导致加分而带来的精神上与物质上的奖励大大激励了员工的工作积极性与高效性。

2. 弥补企业制度漏洞

对于企业来说，硬性管理规定一般都是单向性的，这些死规定大大阻碍了企业内部价值观文化的形成。比如，员工不许迟到，迟到就会受到处罚，但是不迟到却不会得到奖励，这样长久以来企业内部的工作流程就会变得越来越机械化。而品牌积分法很巧妙地将这些降低企业员工工作积极性的“死规定”逐渐稀释成了一种正确对待自身价值观的心态，对于企业各项制度的执行是一种非常有效的补充。

3. 专注企业职业化成长

企业内部的个人品牌账户详细地标注了每个员工与部门经理的商业行为价值，并将其划分成以个人表现、个人品牌、三种等级制度为三个不同的纵向等级标准及扣分标准。

个人表现：在处理某项具体商业事务时表现出色或糟糕。

个人品牌：十分满意的工作成果，继续保持或十分不满意的工作成果，无法使用。

经典积极的结果，具有示范和指导意义或经典消极的结果，具有警示和防范意义。

三等功制度：为部门创造了特殊价值，如帮助企业销售部门提出了新的营销策略，此为三等功。为企业创造了一般价值，如帮助公司贯彻落实企业战略方针，此为二等功。为企业创造了特殊价值，如在议会中提出对于企业建设有着重大意义的提议。此为一等功。

三级警告制度：工作行为上的把控失当，如迟到、早退，应给予口头警告。工作积极性低下、工作效率与质量长期得不到保证或多次受到口头警告，应给予书面警告。对企业造成了巨大商业价值损失或多次受到书面警告者，应给予正式警告。

（根据事件的重要性加倍扣分或者加分）

训练时段：将企业内各部门分为不同的组别进行品牌积分激励，每个员工必须为该组别的其他员工加一分，减一分并且要说明加分与减分的理由。

在活动完成后，每个组的组员要对该组的加减分情况做一个系统的汇总表格。

个人品牌积分是一种行为导向，它表明了企业提倡什么、反对什么的鲜明立场，引导了员工在职业化道路上的健康成长。这样，企业员工的表现就可以通过员工积分精确的显现出来，员工所创造的客户价值是体现员工个人工作效率最直观的体现，通过品牌积分的约束与激励可以有效地规范员工的工作心态与工作质量，真正做到将客户价值观在企业内的全面覆盖。通过品牌积分制度正确运用于企业管理中，必将对中国企业和企业员工的职业化成长提供有效的价值，产生重大而深远的影响。

分享时刻

互动——品牌积分促成长。

思考——品牌积分法如何实施？

品牌积分法对员工、对企业有什么影响和作用？

实践——制订详尽的个人品牌积分执行方案，并对员工进行详细讲解。积分的评定要落实到每一位员工，做好记录，并定期评比，进行相应的奖励或惩罚。

激励法

打造现代企业的文化，实现企业员工的客户价值观是企业在商业活动中取得巨大赢利的必要过程与前提。只有多激励员工的工作结果意识，才能有效提高员工自身的能力，加快企业的发展速度。

1. 立光荣、树标兵

在企业内部设立专门针对客户价值的“光荣角”，将最受到客户好评的员工的照片与具体工作业绩张贴在光荣角上。在精神上，这对大部分员工都能产生荣誉、榜样、兴趣、感情、晋升、文化、表扬等方面的激励。在物质上，丰厚的奖金、纪念品，或者奖章都可以让员工深刻认识到自身对于企业的实际价值。作为企业的管理者，经常夸奖自己的员工，适当的给一些表现出色的员工写一封感谢信也是激励员工工作热情的方式。

2. 特殊奖励

湖北省襄阳县黄龙镇56岁的农民肖桂花怎么也没有想到，今年5月她会收到一封远方的来信。这是她第一次收到别人写给她的信，而给她写信的人还是一个“大人物”——广东格兰仕集团董事长兼总裁梁庆德。这一切都源于今年3月，她的儿子李益走进了格兰仕。从这封信里她还知道了一个叫“母亲节”的属于自己的节日。

这封信中，梁庆德对她说：“感谢您养育的好儿女为着格兰仕的发展而努力地工作，格兰仕离不开他们啊。您也应该为您有这样的儿女而骄傲！您的儿女能安心离家到老远的格兰仕做事，格兰仕能有今天，那是因为有您在背后默默地支持，默默地付出，让您老多费心了，我代表所有的格兰仕人谢谢您！”“……我也是一个与您年纪相仿的人，作为父母，我们深有同感，我们对儿女的爱都是最无私最真诚的。儿女在外娘牵挂，身为格兰仕领导，看着您的儿女辛勤工作，我很感动，我也日夜为改善格兰仕人的工作生活环境而努力着，‘幼吾幼以及人之幼’，您的儿女也是我的儿女……”“纸短情长，您在家应多多保重身体，累了就多歇一会儿。对您的儿女不要太多牵挂，我们这里有许多相亲相爱的兄弟姐妹，他们会互相照顾的。”

这是一个领导着两万多名员工老总对所有格兰仕人的母亲的话，是真正的交心话。这封信感动了格兰仕全体员工的心，他们也都为了格兰仕日后的发展发挥着自己的所能。这就是管理者对于员工的一种特殊奖励。

训练时段：请总裁站在企业战略角度层面上，来制定一些全公司上下的激励项目标杆。要有新鲜的奖项名称与创意的奖励手段，激励文化方向为客户价值做导向！

世界500强的企业自行设立的奖励平均数已经达到了三位数，鼓励奖是向取得突出成绩的员工颁发的有形奖励的一种机制。在日常业务工作中的贡献，已经通过基本福利报酬得到奖励，但他们所作的额外努力，应该得到额外奖励。因此，业务奖项是员工通过工作努力换来的额外奖励，企业奖项的多少也正是企业文化效应的反馈结果。企业管理者一定要清楚如何去设计更加丰富的奖励机制，凡是企业所需要的、所赞同的，就是我们要奖励的！

3. 让员工“管理”客户

一个员工受到客户赞不绝口的称赞绝对不会是一种偶然事件，他们都有自己的一套行事方针。有时候一个拥有优秀客户价值观的员工甚至比企业总裁所接触到的客户还要多，这种在销售行业中的“尖子”们往往正是一个企业中销售团队的核心所在。企业管理者要善于发现企业中的销售人才，并将企业中的销售要职与重要客户放心地交给他们打理，这样他们不

仅可以完美完成企业交付的赢利任务，也可以感染他所带领的销售团队更快的形成客户价值文化观，做到“物尽其用”“一物两用”。

分享时刻

互动——用激励提升动力。

思考——激励法包含哪些具体的方法？

分别需要如何执行？

实践——激励不要只局限于物质激励，精神激励同样重要，制定全方位的精神激励制度促进员工形成客户价值文化观念。

训练时段——现场写出一项针对客户价值文化的激励措施，并代表企业进行演讲 PK。

第六章

缔造企业文化的核心思维——开放分享

开放和分享是一种能力。

——腾讯公司董事长马化腾

开放分享对于企业文化来说起到了锦上添花的作用，它并不能只是简单的一句话，或者一种企业制度。对于企业管理者来说，开放分享更像是一种磨炼团队的工具、一种企业文化传播的捷径。

开放分享的内容

打造开放平等的工作环境，分享成功高效的工作经验。开放分享既制造了内部员工平等的竞争机会，也提供了促进员工共同成长的工作氛围。那么，开放分享都包括哪些主要内容呢？

1. 公开承诺的开放式办公

公开、公平、公正，“三公”政策就是企业内部的大天平，它保证了企业全体员工工作环境的开放性，也是企业尊重每个员工独立人格的主要表现之一。“近朱者赤，近墨者黑”，什么样的企业环境造就出什么样的企业员工，环境是改变员工工作状态与工作心态的重要因素。作为管理者，当企业需要纳入新员工或者老员工的工作品质开始下降时，重中之重的调整策略就应该是针对企业内部环境的改革。管理者必须要让员工感受到企业对他们的尊重、信任及关怀，将“企业即是家”的观念植入员工的思想观念，这样才能使公司员工产生对企业的归属感与责任感，才能保证企业文化成功地渗透与传播。

2. 知识与经验的分享共享

企业的发展与内部员工的成长紧密相关，每一个员工只能为公司带来与其能力相符的商业价值，让员工学会在企业内分享自身的工作方法与经验。相互提高、实现双赢，是企业文化的核心内容之一。

IBM（国际商业机器公司）就曾对开放分享做出过明确的定义，即部门或员工之间沟通与交流的过程。

（1）定期部门会议。员工与主管可以在部门会议中交流意见。

（2）与高层管理人员面谈。保密的与公司高层的交流，所有面谈将分类集中处理，不暴露面谈者的身份。

(3) 员工意见调查。定期征求员工意见，或得一个更完美的工作环境，提供意见的员工是匿名的。

(4) 直言不讳。越级反映问题，提出意见的员工只有负责保密的协调员知道。

(5) 申诉。如果员工与其部门经理面谈结果不佳，可以通过 OPEN DOOR 的渠道向任何一级领导申诉。

IBM 公司之所以把企业内部的沟通交流确立成一种企业的管理制度，主要是因为在员工开放分享一些优秀的工作经验时，拥有更加系统的交流沟通平台可以更有效率的达到企业的预期效果。无论是员工对企业产生怎样的疑惑，或者对工作提出了何种的要求，企业管理者都要加以重视，并且鼓励员工通过沟通交流、开放分享的方法迅速解决眼前的问题，并以最好的状态投身于工作当中。

3. 对事不对人的开放讨论

公司想要赢利必须注重结果导向，企业内部的开放分享同样也只是针对解决事务的方法进行讨论的过程，讨论重点在于怎样去解决眼前的问题而不是先将责任归咎于某个员工身上。开放分享并不是一种员工对于自身成绩的评价行为，员工之间相互分享工作经验的目的也不是为了评判企业内部哪个员工的工作能力卓越与否，而是要得出结论，即对某种正确工作方式的认可或对某种失败案例的预防，从而提升员工的工作效率与工作质量。管理者在对待完美执行任务的员工或没能执行任务的员工时，应当就事论事，口头上过分的赞许或责怪员工反而会使员工与员工、员工与企业之间的矛盾激化，影响企业的发展前景。

美国著名未来学家约翰·奈斯比曾经说过：“未来的竞争将是管理的竞争，竞争的焦点在于每个社会组织内部成员之间及其与外部组织的有效

沟通上。沟通是管理的最为重要的组成部分，可以说沟通是任何管理艺术的精髓。”企业管理制度的完善要归功于企业内部员工的沟通交流，开放式分享是员工之间交流讨论的重要桥梁，也是形成企业内部文化的重要手段之一。

分享时刻

互动——认识开放共享。

思考——开放共享包含哪些内容？

对于企业文化建设有什么作用和意义？

目前企业内部是否具备开放共享的精神？

讨论——企业在建设开放共享文化方面有哪些不足？

是出于思想原因还是制度原因？如何从思想和制度两方面促进企业内部开放共享文化的建设？

打造开放分享文化的步骤

沟通、交流、分享、讨论，这些人类社会中最早形成的基本历史行为文明传承至今，交流在人类生活中扮演着重要角色，因此它在企业中的地位就越发显得重要。如何正确有效的缔造企业内部开放分享的沟通文化，是对管理者个人能力的一种考验。

1. 缔造开放的环境与气氛

首先，企业管理者应当在企业内部建立起一个全面覆盖的网络交流中心，这样能有效的拉近企业内部员工之间的距离，刺激企业内部交流的活跃度。其次，企业中各部门经理更需要积极投身于开放分享的文化建设当中，并在每次企业下达重要任务指标之后，积极开展关于企业任务目标重心的小组讨论会。只有企业总裁与高层管理者才能够有效地带动企业内部开放交流讨论的工作环境与工作气氛，“领导带头”也是企业培养开放分享文化环境的第一步。

2. 明确公司工作的方法，强调开放文化

将开放文化真正注入企业内部每个员工的工作热情中并不是一蹴而就的，企业管理者需要投入大量的精力将企业对于工作的方式理念灌输给每一个员工，虽然打印机可以大大减轻管理者的工作量，但是亲力亲为才能让员工感受到开放文化对于企业的重要性，才会认真负责的对待每次开放分享的机会。

3. 总裁做开放的表率，建立分享的机制和奖励

亨氏公司，一个年销售量高达60亿美元的食品商业巨擘，其创始人亨氏列·约翰·海因茨就是一个经常与员工交流沟通的老板，前来企业参观的顾客经常可以在员工最多的地方找到他，海因茨总是乐此不疲的与员工们高谈阔论。甚至有次海因茨因病要离开公司到其他的城市治疗，但是企业员工发现他根本没离开多久就回来了。而海因茨的回答是：“你们不在我身边，我觉得做什么事情都没有意义。”如同海因茨一样，学会与企业员工共同分享成功与快乐是管理者的必修课，如果连企业总裁都做不到开放文化的表率，那么企业员工就会紧紧锁住自己的思维。

“人为财死，鸟为食亡”，在一个毫无开放分享文化的企业中，没有员工愿意分享自己的成功经验或者与其他员工一起讨论困难的处理办法。这种企业内部的“自私文化”是企业文化中的毒瘤，为了避免由于企业中开放文化的变质所带来的困扰，首先必须要制定一套健康完善的开放分享机制与奖励。通过物质上与精神上的满足，企业员工才会慢慢地体验到工作结果带来的自我成就感，这样不仅会让一些能力较差的员工补全自己的工作缺点，也能够刺激优秀员工的工作积极性与自信心，加强开放文化意识。

4. 树立“开放标杆”、提出重点案例、形成集体记忆

（1）在企业内部每次进行开放分享讨论之后，由各部门经理筛选出该部门本次提出最有价值的一次经验分享，单独提出表扬并设立“开放标杆”，加速企业内部开放分享文化的形成。

（2）要求各部门经理在每次讨论会开始之前收集关于优秀企业中开放分享的经典案例，并在会议中总结出该案例在开放分享文化方面的优势所在，取长补短，不断完善本部门开放分享经验中的不足与缺陷。

（3）通过每次开放分享会议中提炼出的工作要点来训练内部员工正确的开放文化思维、形成企业中集体开放观念的雏形、加深开放文化与企业文化的良性结合。

5. 员工的成长才是企业发展的重点

企业人才的开发与培养需要很多积极文化的良性循环，只有不断地提高员工自身的能力才能有效加速企业的发展步伐。开放分享文化是企业文化中至关重要的一环，员工只有通过不断的自我发现、自我检讨才能真正提高为企业创造的实际价值。企业管理者应该将精力集中于员工的成长上，毕竟企业员工才是企业内真实存在的有效生产力。

卯足心劲，全身心地致力于开放分享文化理念的建立是企业管理者需要贯彻、坚持的思维模式。无论是企业内部员工的成功经验分享，还是员工针对企业管理制度所进行的研究探讨结果都必须得到相应的重视对待。管理者想要做好企业文化，就必须按部就班，坚持不懈。

分享时刻

互动——打造开放共享文化。

要求——学习打造开放共享文化的步骤，寻找具备开放共享文化精神的优秀企业作为榜样，学习他们在开放共享文化建设方面的优势。

实践——思想上要首先开放共享，总裁需要做出表率，树立标杆，建立制度，推动开放共享的文化建设。

建立共享平台，做开放的环境

建立共享平台，增加沟通渠道；做开放的环境，鼓励员工发言；企业管理者想在企业内部实现开放分享文化的实行，就需要不断摸索更加完善的共享方法与平台，营造更和谐的开放交流环境与氛围。

1. 建立有效的共享平台

无论是总裁为企业员工解决工作上的问题，还是员工与员工之间分享经验，都需要一个有效的平台来维系企业内部的长久沟通与交流。比如：

（1）开设“经验分享交流库”，将企业内部员工所分享的经典案例整理集中并保存在“分享交流库”中供全体员工翻阅学习。

（2）建立企业内部局域网，将一些有趣的经典的企业案例当作论点让全体员工进行研究探讨，得出一个统一的讨论结果。

（3）创办企业内部交流网站，让员工可以拥有一个畅所欲言的平台。

（4）定期开展企业全体销售总结会议，分享各部门的销售经验。

（5）设置企业文化墙，将企业内部业绩标杆的照片与业绩张贴在显眼的位置，分享成功的经验，激励员工的工作热情。

在企业的高度发展中，内部沟通是团结企业凝聚力的重要手段，开放交流的平台作为企业信息沟通的主要传播媒介，在企业中占据着十分重要的位置。

2. 做开放的环境

在整个世界范围内，最先重视开放文化，最先营造开放分享环境的公司就是美国微软公司。微软内部拥有世界最早的“内部电子邮件系统”，

这个内部的沟通交流系统很快就得到了公司员工们的好评，他们认为这是一种高效的开放交流模式，通过这个系统他们不仅可以轻松完成与上级领导的沟通，而且公司员工之间的沟通也显得十分便捷。最重要的是，员工可以将自己的意见与建议通过邮件系统直接发送给企业总裁，这让员工感受到了充分的尊重与民主，同时总裁也无须通过其他人去了解企业员工的工作思维。甚至有一次，一名微软的女员工想要约比尔·盖茨共进晚餐，于是她发了一封电子邮件说出了她的真实想法，并最终如愿以偿地与老板近距离接触了一次。

由此可见，一个开放的企业内部环境主要是企业内部上级与下级平等交流的桥梁，只有消除了员工与总裁之间的内心隔阂，总裁才能根据不同员工的情况建立起相应的管理制度，员工的潜能才能被挖掘。

当然，电子邮件只是企业内部建立开放环境的方法之一，但是作为管理者要明确开放文化的重要性，如果企业没有开放的环境，那么员工也不会有分享的精神。只有存在开放、沟通、分享的企业才能打造出铁一样的团队凝聚力。

开放分享文化是企业快速发展的催化剂，无论是企业员工的成长，还是企业管理者自身的能力提升都必须通过企业内部的经验分享以及多方面的销售或管理意见。由此可见，拥有一套完整的共享系统平台与开放交流的内部企业环境是公司全体成员能力成长的基础前提。

分享时刻

互动——建设开放共享的客观环境。

思考——共享的平台和开放的环境包含哪些内容？如何操作实行？有什么作用？

实践——根据企业规模、性质和内部结构，建立适用的共享平台，制定交流沟通全程通畅的制度，营造开放的环境。

总裁首先做推动

一个企业内部是否存在开放的文化与分享的精神取决于企业总裁自身的开放程度以及对企业开放文化的推崇。企业总裁想要在企业内部真正的形成开放文化就必须以身作则，推动企业开放文化的发展，铺平开放文化成长上的道路。

1. 总裁激励

From：总裁

各位同人，又是一个阳光灿烂的早晨！

昨天，我们的“e 平台”又成功地迈出了“伟大的一步”：成功拿下和铁分的合作！尽然，e 的合作伙伴会增加得很快，但北京无论从什么角度，都是“伟大的一步”！

让我们：

为周敬华鼓掌；

为樊文耀带领的第一事业部的同人鼓掌；

为陈辉带领的项目组为项目的支持所取得的成绩鼓掌；

为该项目做出贡献的其他同人鼓掌。

e 是我们的孩子！让我们带着 e 一起欢唱：

“我来自偶然，像一颗尘土，有谁看出我的脆弱？

我来自何方，我情归何处，谁在下一刻呼唤我？

天地虽宽，这条路却难走，我看遍这人间坎坷辛苦，我还有多少爱，我还有多少泪，让苍天知道我不认输！

感恩的心，感谢有你，伴我一生，让我有勇气做我自己！

感恩的心，感谢命运，花开花落，我依然会珍惜！”

最后为：假日里还战斗在一线的同人加油并致以最崇高敬意！

向休假的同人道一声：节日快乐！

以上是某网站平台公司总裁使用企业内部的小喇叭对员工表示感谢的内容，这就是企业总裁对内部开放文化的一种激励方式。

2. 总裁做榜样

在美国佛罗里达州的一个小镇上有一家汽车修理公司，由于公司的规模不大，所以除了老板之外公司内只有三名员工，他们分别是轮胎修理工、发动机修理工、车身修理工。这三名员工平时在公司只是埋头工作，却从来不过问超出自己工作范围的问题，也从来不告诉其他人自己的工作内容。

虽然员工们分工明确，各有所长，但是公司的业绩却一直处在低谷。究其原因就是这三名员工只会干他们的本职工作，但是每次需要修理的车子只有一处是坏的，这样就会导致一个员工在工作，而另外两个员工却什么都不干。老板很快就发现了这个问题，于是他想出了一个办法。他找到了一辆需要全面修理的汽车，让三名员工都站在一旁看着他修理，员工虽然不明白老板的用意，却也都聚精会神地看着。老板在修理的过程中，仔细的讲解着关于修理汽车中的各方面知识，三名员工都听得入神，但还是有很多不明白的地方，于是在事后他们终于渐渐的开始进行交流。很快，三名员工就掌握了所有修理汽车的技术，而公司的业绩也逐步得到提升。

一个没有能力的企业总裁，他的员工自然就没有能力。如何才能使员工个人的能力随着企业的发展与进步而成长，企业管理者的带头作用就是关键。对于企业中开放分享文化的形成来说，企业管理者在建立了多种有效的共享平台之后更应该迅速调整自身的开放共享意识，用领导者的实际行动与案例来感染企业员工的工作思维，员工才会切身感受到企业分享文化氛围的强烈熏陶。

3. 总裁制造危机

面对一些对自身能力要求没有上进心的员工，企业管理者一定要积极发现并加以教导，从根本上杜绝更多的员工对待工作懈怠，并且时刻保持企业内部的危机感，让员工自发性的避免错误行为，培养自身优秀、端正的工作状态。

4. 总裁做坚持

开放分享对于企业来说应当是一种潜移默化的制度，企业总裁必须认清开放思维与经验分享给企业带来的收益，并鼓励员工坚持执行开放分享制度的流程，从真正意义上改善员工的工作心态。“世上无难事，只怕有心人”，这句话无论是在社会还是在企业中都是金玉良言，在企业做文化的坎坷道路上，保持着一份坚毅的心态就是迈向成功的第一步，没有对待企业文化足够的强调与重视，企业内部就无法形成一种真正的文化力量。

分享时刻

互动——以身作则做开放共享。

思考——总裁首先做推动对建设开放共享的文化有哪些积极意义？我在做开放共享的文化推动方面还有哪些不足？

讨论——我要通过哪些方式方法做出表率，推动开放共享文化的建设？

建立保障开放的机制

仅仅依靠管理者的推进与良好的开放文化环境是不够的，必须要有一个贯穿始终的“主心骨”来做开放分享文化的定向，保证开放文化的持续发展能力。

1. 员工分享会

企业内部每隔一个季度就需要举办一次全体员工分享会，会议的主要目的一方面是为了增强了企业员工的开放分享意识，另一方面是为了发掘更多有益于员工个人能力发展的优秀工作经验或案例。企业管理者必须重视分享会的过程，绝不能把会议当作一种普通的内部交流会而敷衍了事，这同样是提升企业管理者自身实力的绝佳机会。

根据员工与部门高管之间的沟通交流，在得出很多成功经验的同时，肯定也会发现很多企业内部的潜在隐患。成功的经验需要分享，失败的经验同样需要分享，让员工做到“有则改之，无则加勉”，鼓励员工善于发现自身的错误，有挫折才能有提升，一个强有力的弹性团队就是从失败中摸爬滚打而来的。

2. 业务成果总结会

企业是以赢利为目的个体，在每年的年底，管理者要以销售部门为主，举办一次业务成果总结会来了解企业各部门的工作业绩与最终成果。为了增强企业内部的透明度与开放性，管理者自身也应当归纳总结本年度的重要商业活动项目，并在会议中简述自己本年度为企业创造了多少实际价值，以此来激励员工的工作积极性。

在管理者对企业赢利价值有所把控的情况下，选出一部分业绩突出的员工进行物质上与精神上的奖励，同时让这些优秀的员工分享自身的业务秘诀与成功经验。比如，市场营销的成功方案、人力管理的高效策略等。

3. 经典案例议会

对于经典案例会来说，讨论规模可以缩小为以企业部门为单位的不同组别，每个小组都可以根据自己对案例的理解来阐述该案例的侧重中心点与核心价值观念。最后将所有组别的意见与想法归结到一起供部门高管与企业管理者研究参考，集“百家之所长”来制定最合理、最高效的企业发展战略方针。让员工来担任“总裁”，这样既尊重了员工们的意见，营造了开放文化的环境氛围；也遵循了企业发展所需的必要环节，正确引导了企业的成长方向，只有这样，企业才能在全体员工的努力之下，同成长，共繁荣。

4. 分享之星

企业通过不断的开展内部分享会议，企业管理者每隔一段时间就应该选出一个最具有代表性，给企业带来最大影响的分享案例来评出企业的“分享之星”，并专门设立一个“分享文化角”来记录每位员工的上榜原因与成功经验。

对每个季度的“分享之星”给予丰厚的奖金来鼓励更多的员工分享自己的成功经验，长此以往，就会大大提高企业员工的开放分享意识，促进企业的开放文化与分享文化的形成。

5. “员工”做决策

“福特”是闻名世界的汽车销售品牌，公司获得如此巨大成功的原因与企业对员工意见的重视密不可分。在福特公司内部有一个十分完善的意见征集系统，无论是部门高管还是普通工人都有权力发表自己的看法与意见，正是这种开放文化与开放环境的共同作用下才造就了福特公司这个商业帝国的崛起。例如，有次在装配汽车车架与车身的过程中，工人每次的工作过程都是拿着笨重的工具，在很深的沟槽里一个一个的组装零件，过程费力而且大大影响了工人的工作质量与工作效率。其中一个工人就建议

公司事先将一些小零件放在汽车的底盘上，这样就可以让员工在地面上完成零件的组装，省时省力。此员工的意见一经采纳，立刻产生了显著的效果，汽车零件组装流程的效率明显提高了很多倍，而且质量颇高。

这就是一个优秀的开放环境所缔造出的企业员工，员工的自由发言能够被企业所注意，并得到企业的采纳与认可，这本身就是对员工工作态度的一种极大的尊重。福特公司从来不会冷落任何一名经常提出意见的员工，即使他只是一名学历不高的修车工人，也正是这样一群修车工人才保证了福特每一辆汽车的出厂质量与社会口碑。

企业管理者并不是企业策略方针的唯一出处，恰恰相反，一些优秀的意见与想法往往都来自于企业的基层工作者。企业是一个团结的“大家庭”，一份简单的尊重也许换来的就是一条弥足珍贵的建议。让员工大胆的表达出自己的观念，心系企业的存亡，他们才会加倍的专注于自身的本职工作。

分享时刻

互动——用机制保障。

思考——目前企业是否具备保障开放的机制?
机制包含哪些内容? 如何执行?

讨论——要如何在企业内部建立保障开放的机制?
要采取哪些方案措施?

建立开放系统

在拥有了和谐的开放氛围与合理的保障开放机制之后，开放系统的建立就成了企业开放文化的内容主体，拥有一套完整有效的开放系统是企业员工形成开放文化思想观念的基础，也是企业实现开放分享文化传承的重要因素。

1. 制定口号

在企业员工培训环节中，加入提倡开放文化思想的新口号，让全体员工明确开放文化对于企业文化发展的重大意义，并鼓励员工勇于发表自己对于企业各方面的意见与看法，善于分享自身成功的经验与方法。口号要言简意赅，热情洋溢，比如，“开放分享真出彩，我们自己做总裁!”等。制定口号的主要目的在于让开放分享的精神存在于每个员工的潜意识中，让开放分享文化不再是一种硬性制度，而成为企业员工耳濡目染的习惯性行为。

2. 总裁做承诺

在每次企业开展的动员大会上，企业总裁必须再三强调开放分享文化的加快建设及其对于企业内部成长的重要性。只有口号的支撑是无法从根本上形成开放文化的，一方面，管理者要做到以身作则，时常在企业内部分享自己一路走来的商业道路中所遇到的困难与解决办法的经验，用自己的实际行动来感染员工的文化价值观。另一方面，管理者要在企业内部做出承诺，绝对认真对待每一位员工所提出的宝贵意见，尊重员工的工作新思路，让员工深刻感受到企业的重视，这样才能让他们为了企业而不是为了自身的利益努力工作。

3. 公示信息

在员工经常出入的场所张贴一些宣传开放分享文化的口号，颜色要显眼，让员工能够一目了然。

发行以开放文化为主题的企业内刊供内部员工学习交流，在内刊中可以附带一些有关开放分享问题的调查卡片让员工填写，管理者可以根据卡片上的资料来制订开放文化的具体实施方案。

4. 即时通报系统

手机短信、广播系统、企业内部网络、通信聊天工具等都属于即时通

报系统。即时通报系统相对于企业内部人员之间的直接沟通交流更加具有高效性。首先，通信设备的信息传播迅速，对于问题的提出与反馈都能够在短时间内完成。其次，企业里的年轻员工更愿意使用网络或者通信设备来相互交流，这是信息时代高度发展而导致的精神产物，企业管理者必须跟上社会潮流风向的脚步，只有与时俱进才能完善企业内部的人力资源管理制度。另外，这种公开透明的交流方式将会大大拉近企业人员之间的距离，增强员工之间相互的信任度，同时加深企业内部的团队凝聚力与工作向心力。最后，这种更加效率、更加便捷的沟通方式可以省去员工工作中的大量时间，这就等于间接性地提高了企业的生产力与生产率。

5. 视频共享

在企业内部开办精彩视频分享活动，多鼓励员工观看一些有关企业发展或成功企业案例的视频，看完之后让员工写下自己的想法。对于一些优秀的视频素材，员工可以提供视频来源给企业相关部门，经过审核之后在视频分享活动中进行播放。观看结束后，让全体员工进行交流讨论，并写出该视频对自己产生了什么样的影响，得出了什么样的感悟。

随着现代通信系统技术的日趋发展，各种各样的企业资讯与信息流通迅速，管理者不仅要建立企业内部的开放系统，还要学会过滤各种负能量的“垃圾”信息。只有建立起健康、完善的开放系统，才能真正保证开放分享文化在企业内部产生良性作用。也只有这样，才能缔造企业内部真正的文化核心价值观！

分享时刻

互动——用系统促开放。

思考——目前企业内部是否建立了完善的开放体系？

开放体系包含哪些方面？

可以通过哪些方法来实现？

讨论——企业目前在开放系统方面还有哪些不到位的方面？

如何采用相应的具体方案来弥补开放系统的不足？

训练时段——在课堂上给自己的企业团队发送一封以开放分享文化为内容的短信，要表达出自己通过学习开放分享知识之后得到了什么启发以及自己要打造企业文化的决心。之后，每个小组派出一名代表成员来分享其短信内容，并展开讨论。

第二部分　人才突破

第七章

人力资源管理现状

随着时代的进步，大多数国内企业的人力资源管理系统已经基本得到了完善，但是在资源管理核心内容上还存在着许多问题，比如，员工在企业内得不到企业的重点培养、员工对于企业的发展战略方针不明确、企业文化的匮乏、企业内部有“人力”但缺“人才”等消极因素。

人力资源中的“三羊现象”

在国内企业中，人力资源管理上存在的严重问题已经引起了一大批知名企业高层管理人员的关注与讨论。其中有人总结出了一种生动而又贴切的人力管理负面现象，即“三羊现象”。

“三羊现象”的内容基本概括了国内企业在人力资源管理方面所存在的严重漏洞。

1.“放羊现象”

目前，国内有很多新员工进入企业之后“无人问津”，随着时间的推移，他们得到的仅仅只是企业给予的报酬，却不能得到任何个人能力方面的提升。

在目前的市场经济体制下，大多数的社会人员寻求工作的目的除了得到相应的报酬外，主要还是希望在企业中获得自身能力的提升。但是大多数企业管理者对待员工的看法很简单，“你替我工作，我给你报酬”，员工仅仅是机械地完成领导交代给他们的任务，毫无自己的主观意识。这种腐朽的“主奴思想”是限制目前国内企业人力资源管理积极发展的“致命毒药”。

2.“群羊现象”

许多企业内的高层管理人员安于现状、不思进取，由此导致很多企业内部的中层干部与基层员工无所作为，也无力作为。

在企业内部高层人员中，经常会出现管理人员的“倚老卖老，浑水摸鱼”，他们既没有帮助企业内部的管理制订方案，也从来不会过问他所管理的其他员工如何成长。每次总裁下达了季度任务指标，这些高层就开始将任务阶梯性的下达给手下的员工，让员工毫无用武之地，这就是很多企业内部导致人才资源流失的重要原因。

3. “赶羊现象”

没有让员工得到企业核心文化的洗礼而只是依靠企业硬性制度与利益去驱使员工进行工作。

每当一个新员工踏入企业的大门后，最先迎接他的肯定是一次“别开生面”的培训与一本比中文字典还要厚的规章制度。有些企业管理者们会说：“员工的压力是大了一点，活动范围也被限制了很多，但是他们能得到非常丰厚的回报，这就是双赢。”企业仅仅依靠企业条例与人员工资留住的只有“企业人员”，但是“企业人才”就会敬而远之。那么什么是员工与企业之间真正的双赢？企业为什么留不住人才资源？

在美国太平洋洲的一座小岛上有一家游艇生产公司，由于公司靠海，附近也只有其他几个很小的岛屿，所以公司里没有太多的员工，但是他们的手艺却是远近闻名的。每当工作结束后，老板都喜欢叫上他的员工一起晒晒太阳、钓钓鱼，甚至经常谈论起他的家庭，这让员工们感到很亲切。虽然工资不高，但他们都表示很喜欢这份工作。

在一次剧烈的海啸过后，一艘货轮由于发动机出现故障在岛上搁浅，船上的所有修理工人把发动机全部拆开了之后也没发现到底是什么故障。正在船长心急如焚的时候有人向他推荐了岛上的小公司，起初船长认为这简直就是一个笑话，他们船上众多高级机械师都解决不了的问题，一个小岛上的公司凭什么可以解决。但事实却让这位船长目瞪口呆，那个年轻的小伙子只是用手拍了拍发动机的外壳，凭借着内部发出的声响就判断出了问题是发动机里的铜线损坏造成的。果不其然，在换上了新的铜线之后，发动机立刻恢复了正常。这时船长赶紧叫住了正要离开的年轻人，“我以每月 10000 美元的酬劳聘请你来我的船上工作。”但是年轻人却头也不回地走了。

上面的故事就完美地解释了我们提出的问题，企业员工把企业当作自己的家，这无关于酬劳或者奖金。员工帮助企业赢利，带动企业的发展；而企业帮助员工解惑，促进员工的成长，这才是企业与员工之间的双赢关系。

分享时刻

互动——解决“三羊现象”。

思考——企业内部是否存在“三羊现象”？
是否存在招不到人才，留不住人才的情况？

实践——认识“三羊现象”的具体表现，对企业进行深度的检查，找出企业内部存在的不良现象，及时予以清除。

什么是战略人力资源管理关系模型

战略人力资源管理主要分为对内和对外两个部分。对内，是指企业的人力资源管理系统每一个部分都一致的人力资源管理；对外，则是指企业的外部人力资源的环境和企业战略之间互相适应和匹配。而战略人力资源管理关系的模型，正是基于战略人力资源管理关系的界定所提出的一个模型。通过这个模型，企业管理者可以更加轻松和清晰地理解和管理企业的人力资源结构。每一个企业都需要构建一个战略人力资源管理关系模型，并据此来对企业的人力资源进行调配。

对于企业来说，构建一个战略人力资源管理关系模型有以下几点意义。

一是企业的战略人力资源管理体系可以将企业战略、管理机制以及企

业文化融入到传统的人力资源管理中，一个企业首先要做的就是建立一个基础人力资源管理平台，这样才能够实现企业的战略目标。

二是企业战略目标的实现需要每个部门不同岗位的人员来担任和实现价值。根据企业的战略要求来制定业务流程；然后再根据业务流程制定企业的组织结构。根据组织结构，就能够完成每一个具体岗位的设计。

三是企业所设计的岗位要求由企业内部优秀的员工来实现，企业需要通过任职资格管理、员工的职业生涯规划以及管理和人力资源的培训和开发，企业才能够将现有的员工进行选择和培养成符合岗位要求的人才。

四是企业员工的行为符不符合企业的战略目标要求，需要对其进行合理的过程检查和绩效考核。因为一般对员工来说，他们不会主动去做企业所需要的，只会做企业检查和考核的工作。然后根据检查和考核的结果对员工进行薪酬方面的界定，在公平薪酬的环境下，员工的工作激情和潜能就能得到充分的发挥。

在企业制定本企业的战略人力资源管理关系模型时，除了要对企业的战略目标和战略计划进行持续关注外，对企业的发展环境和企业人力资源的实际配置也需要给予一定的关注。因为后两者同样也是企业战略人力资源管理很重要的影响因素。在强调企业战略的同时，企业的发展环境和人员配置是基于实际情况的客观事实，只有把这两者同时作为制定人力资源管理的一部分，做出的战略人力资源管理关系的模型才是真实的、可操作的。

20世纪七八十年代，美国企业饱受经济衰退、工人纷纷失业的影响。与此同时，日本企业的飞速崛起更是让美国企业备感压力。他们渴望找到一个好办法来解决这个问题。美国著名管理咨询公司麦肯锡经过分析后发现，很多企业之所以衰退得很快就是由于企业中陈旧的人力资源管理体系已经不适用于高速发展的社会，他们急需一种更加高效的人力资源管理体系。于是，麦肯锡派遣了斯坦福大学的管理硕士 Tomas J. Peters 和 Robert H. Waterman 对全美 62 家最优秀的大公司进行调查，之后，他们又筛选了其中 43 家最杰出的公司作为模范公司，其中包括 IBM、惠普、杜邦、德州仪器和麦当劳等行业翘楚。在对他们进行深入的研究，并和商学院的教授进行讨论总结之后，麦肯锡提出了著名的7S 管理模式。这个管理模式更加先进，更具有可操作性，很多美国企业如获至宝，纷纷以此为框架构建自己的战略人力资源关系模型。

从案例中我们可以看出，构建一个优秀的企业战略人力资源管理关系模型对一个企业的重要性。一个企业的人力资源管理关系模型致力于对本企业的人力资源进行更好的调配和管理，并且发现其中的弊端进行改正。

在企业中，战略人力资源管理关系模型的建立应用还是很广泛的。首先，它可以成为影响战略目标能否成功的核心点；其次，它可以在结构、人力资源、企业文化等方面对公司的管理机制重新定义，成为企业管理者在进行各种企业决策时的重要参考；再次，通过这个模型来衡量与战略目标和战略计划的一致程度，并从中发现企业当中的问题所在；最后，可以单独对人力资源这个部门进行分析，统筹这个部门的人力资源调度，并使之更加适合企业的战略发展。

一个企业的人力资源管理关系模型主要是服务于企业的战略计划和战略目标，这样，企业管理者在以后的工作中以此作为参考就会更加具有条理性，以此做出的决策才会更加符合企业文化，更加贴近市场，也更加具有可操作性。

分享时刻

互动——构建企业的人力资源管理模型。

思考——企业是否构建了人力资源管理模型？

企业目前的人力资源管理是否存在诸多问题?

这些问题是不是由于管理不善导致的?

实践——认识到人力资源管理模型的重要性和具体作用，构建模型，改善企业人力资源管理。

第八章

战略人力资源管理关系七大要素

战略人力资源管理模型对于企业战略的实现至关重要，想要构建出完整有序的模型，就需要知道从哪些具体内容着手。战略人力资源管理关系主要包含了七大要素。

要素一——业务流程

业务是企业为实现自身价值所进行的最根本的活动，是企业存续发展的关键所在。一个企业给人最直接的印象就是它能“做什么”，能提供什么样的产品或服务。而业务流程就是为完成业务这一共同目标由各个企业人员分别进行的一系列有序活动。

业务流程是对企业员工日常工作的一种描述指导。员工根据业务流程可以了解到自己工作的内容、方法以及完成标准。业务流程不单单是对企业业务的一种描述，还对业务运营有着重要的指导意义。企业内部资源配置的优化、企业组织结构的优化以及管理制度的制定与变更等，往往都要根据业务流程来进行。

好的流程设计能够有效降低企业运营成本，提高企业工作效率，从而增加企业利润，指引企业朝着良性的方向发展。

一个完整的业务流程应包含以下要素：工作任务、工作顺序、执行者、工作结果、操作要点、使用工具。

在生产型企业流水线广泛采用的工序管理看板就是一种完整灵活的业务流程。每一件产品的生产都在流水线上分割成一道道最小的工序，每一道工序都是简单易行的，具体的操作方法和步骤都详细地记录在看板上，员工根据看板可以很快地学会这一道工序。一个个看板组合起来，就成了产品生产的完整的业务流程。企业在生产不同型号的产品时，工序会有一定的变动，这时，只要增加或减少相应工序的看板，抑或调整某些看板的顺序，就构成了生产另一型号产品的新流程。

业务流程设计可以通过以下六个步骤来完成。

1. 通过 SWOT 分析，收集相关的基本资料

“知己知彼，百战不殆”。在设计业务流程前，应当清楚地了解企业自身的状况，了解市场的格局，竞争对手都有哪些，和他们相比自己有何优势、劣势，找到正确的市场定位。

2. 结合企业的市场定位，建立赢利模式，据此确定业务主线

获取利润是企业进行业务的最直接目的，产品和服务无论多好，没有利润，企业就无法生存，更谈何发展？赢利模式就是企业赚钱的渠道和方式。企业通过哪些业务赚钱？采用什么方式收费？这些都要搞清楚，业务主线应当围绕着赢利模式来开展。

3. 召集各级主要领导和业务骨干开展会议研究，确立具体的实施方案

业务的驱动者是人，整条业务流程是要靠每位员工，每个部门共同来完成的，所以应当让他们参与其中，共同进行业务流程的商讨和设计。各个部门都有相应的专业人才，他们清楚怎样做可行高效，由具体的实施负责人参与设计的流程才能保证业务的顺利施行。

4. 根据各部门、各岗位的实施方案绘制出初步的流程图

企业业务是纷繁复杂的，有时一个业务节点可能会涉及多个节点，单用文字描述会过于冗长，不方便理解记忆。流程图是对业务流程的一种图像表述，能够简洁形象地表现出各流程节点的顺序关系，便于具体实施。

流程图也是分等级的，一般而言，自上而下分为三个等级：公司级流程图，部门级流程图，部门内部流程图。这三个级别的流程图不是相互割裂分离的，而是环环相扣，下一级别的整张流程图只是上一级别流程图的一个节点。例如，生产型企业业务一般包含采购、生产、销售等基本环节，而这每一个节点到下一级别都会被具体化，分别成为采购部门、生产部门、销售部门的整张流程图。

5. 根据流程图进行业务实践与反馈，进一步优化业务流程

“实践是检验真理的唯一标准”。设计完成的业务流程未必十全十美，有些问题只有在实际操作中才会显现出来。所以，企业要建立起高效顺畅的沟通渠道，及时获取问题反馈信息，并迅速开展会议，进行问题分析，设计解决方案，优化业务流程。

6. 通过问题反馈和修正，完成现阶段最优的业务流程描述

业务流程的设计完成并不是结束，随着企业规模的扩大，现有的业务流程也会在某些方面变得不再适合，这时就要开展相应的反馈、修正工作，进行业务流程的优化和再设计。

业务流程是企业内部的“工作指南”，清晰的业务流程可以让每位员工明确自己的角色，了解自己在公司业务中所处的位置，感受到工作的作用和意义。这有利于提高员工的自我认同感，促进企业内部团结协作意识的形成。

分享时刻

互动——制定明朗易懂的业务流程。

思考——企业目前的业务流程是怎样的?

有没有书面化的描述?

企业各层员工是否能按照业务流程完美地完成工作?

实践——业务流程不仅是企业运营内容的表现，也是员工具体执行任务的工具，业务流程的制定要简洁明了，使员工易看易懂。

要素二——岗位设计

岗位是构成企业活动的最小业务单元，负责企业最为具体化的工作。

合理的岗位设计对企业至关重要。我们常说“因事设岗”，岗位的设置一定是用以完成企业不可或缺的工作。岗位过多，会直接增加企业运营成本，造成企业资源的浪费，还会导致每个岗位的人员的工作量减少，使员工养成惰性，不利于员工工作能力和效率的提升。而岗位过少，就会使企业业务完成得过于仓促紧张，影响企业正常活动，还会使每个岗位都长期面临高强度的工作，进而影响员工的工作状态，难以完成任务，打击员工的工作信心和积极性。

企业的岗位设计要“因地制宜”，从实际情况出发，根据企业自身状况和需求来设置，不能凭主观臆测或者是生搬硬套。即使是进行同类商业活动的企业，由于不同企业规模不同、产品不同、市场定位不同等，在岗位设计上也会有很大差别。

1. 岗位设计的原则

（1）分工明确。

岗位设计是对企业业务的细分过程，每个岗位都要有明确具体的工作内容。尤其是专业化业务，更是要有明确分工，确保业务正常展开。

（2）费用最小。

员工工资是企业成本的重要组成部分，不必要的岗位产生的费用是对企业资金的直接浪费。而过多的岗位也会使企业整体显得过于臃肿，对信息的沟通、命令的执行都会产生影响。

（3）权力分离。

过多的权力容易使人心生歹念，岗位的权力分离既是对员工的监督，也是对他们的保护。没有人能够100%保证自己面对利益诱惑毫不心动，而权力分离的岗位设计则能从制度上杜绝这种风险。这不仅能保护企业资产，更重要的是，能帮助员工树立健康的职业操守。

2. 企业完成岗位设计的流程

（1）明确企业自身的长期战略和近期目标。

每个企业都有自身的长期战略规划，根据战略规划，进一步细化设定年度目标、季度目标、月目标。业务目标是岗位设计的标的，岗位设计的第一要务就是用以完成企业的业务目标。

（2）明确业务流程。

业务流程是需要人来驱动完成的，业务流程中的每一项工作都能划分为一个或几个具体的岗位。明确了业务流程，就明确了需要哪些岗位，需要多少岗位，避免出现岗位“供大于需”或是“供小于需”的情况。

（3）根据业务流程设计企业组织结构。

组织结构是企业的整体框架，它包含了企业内部所有部门以及部门间的关系，对于企业各级组织、各个部门间进行业务分工、协调合作有着重要作用。

（4）确定各部门的关键职责。

每个部门在企业中都有其要发挥的作用，关键职责就是该部门所要起到的核心作用，如生产部门的关键职责就是生产合格的产品，销售部门的关键职责就是将产品卖出去。关键职责履行不力的部门就是低效的甚至是无效的。

（5）根据关键职责设置关键岗位。

明确了部门的关键职责，就要设置履行该职责的关键岗位。关键岗位是履行部门职责，实现部门功用的最重要的部分。以市场营销部为例，市场营销经理就是该部门的关键岗位，全面负责市场营销中心的工作，策划推动企业销售活动的进行。

（6）根据关键岗位设置相应的辅助、支持岗位。

企业业务是复杂的，即使分散到各个部门，部门内部的工作也往往非一人之力可以完成的，这时就要设置相应的辅助、支持岗位，负责部门内的非核心事务，为关键岗位提供力量，帮助实现部门的关键职责。再以市场营销部为例，在市场营销经理以下，一般会设置市场销售部文员、市场主管、区域销售主管等岗位。文员负责部门数据报表整理等内勤工作，市场主管负责市场调研、客户细分等工作，区域销售主管负责划分区域内的销售管理工作。区域销售主管以下还会设置若干销售员，负责销售工作的具体实行。

（7）依照具体变化随时对岗位设计进行再调整。

市场的变化，企业规模的变化，业务流程的变化，都会对岗位设计提出新的要求，企业要根据这些变化迅速对岗位设计进行合理调整，不适应当前状况的岗位设计会直接影响企业活动的顺利进行。

岗位设计将复杂的企业活动分割成单一的、具体的工作，企业可以根据各个岗位的特点和需要安排能力最适合的员工，实现“事得其人，人尽其才”。从企业角度来看，合理的岗位设计有利于企业人力资源配置的优化，进而提升企业整体效率。从员工角度来看，合理的岗位设计为他们发挥自身特长提供了良好的空间，同时能够增强员工自信，提升员工工作积极性。

分享时刻

互动——进行合理的岗位设计。

思考——企业的生产效率是否同岗位数量相一致?

企业内部是否有岗位臃肿的现象或是有岗位匮乏的现象?

实践——根据企业的具体生产需求和运营需求设计数量、质量相适应的岗位，保证恰到好处地满足企业需求，没有空闲岗位。

要素三——任职资格管理

缺乏由高能力、高素质的人才组成的职业化团队，是制约我国企业发

展、行业创新的重要因素之一。中国拥有巨大的劳动力资源，中国企业不缺“人”但是缺“人才”。

中国企业经常面临以下问题：

明确了企业使命，提出了企业愿景，树立了企业价值观，但最后却往往成了给外人看的“摆设”，员工做的和企业说的完全不一样，企业对员工的期望也仅仅是一相情愿。

企业通过细致的市场调研，准备拓展新项目，经过论证试验，确保项目是切实可行的。但在选择项目关键岗位人员时却缺乏有效的准则，只是根据决策者的直觉和经验，挑选他们觉得能够胜任的人。

诚然，我国的职业化教育尚处在探索阶段，与发达国家相比还有很大差距，专业化人才较少。但是，专业化人才数量少并不是企业活动开展困难，发展缓慢的全部原因，其中企业任职资格管理体系的缺失也是一大重要原因。

任职资格是指为了保证工作目标的实现，对任职者具备的知识、技能、潜在素质、业绩等方面的相应要求的总和。

知识和技能是员工实现工作目标和要求的最基本能力，越是高科技、专业化的岗位，对员工的知识和技能的要求就越高，倚重就越强。尤其是事关企业运营发展的核心岗位和确保企业安全生产的特殊岗位，必须保证从业人员有相应的知识技能及工作经验，避免出现决策失误或是生产出现严重安全、质量问题对企业造成致命打击。

潜在素质是员工的隐性能力，是员工态度、动机、价值观的综合性内在体现。知识可以传授，技能可以培养，而潜在素质深藏于心，不易被发现和改变，而其又是影响工作效率的重要内在原因。一个员工，即使能力很强，如果总是抱着玩世不恭、不求上进的态度来工作，抑或难以与他人沟通、合作，那么也无法胜任工作。

完成业绩是企业对员工的最根本要求，无论员工具备多专业的知识，多认真的工作态度，如果没能完成业绩，对企业而言就没有意义。完成业绩是员工整体统筹规划能力和工作经验的体现，也是企业进行任职资格评定的重要标准。

为了选拔、培养具有任职资格的合适人员，企业要建立起健全的任职资格体系。

第一步：根据工作性质、种类的不同，将各个岗位明确划分职类、职种。

第二步：根据各个职类、职种的具体需要编写任职资格标准，以书面形式展现该职位对应聘人员在知识技能、性格、态度方面的具体要求。

任职资格标准包括三个方面：

- 胜任力标准。该标准包含员工的素质、知识、技能，是员工能否胜任工作的硬性标准，直接决定了员工能否完成相应的工作。
- 行为标准。该标准包含员工的工作行为和职业行为，员工在以往的工作中有无违反企业制度的行为，有无重大过错，直接表现了员工是否有良好的职业操守。
- 贡献标准。该标准包含员工的工作成果、知识贡献，有能力却无成果的员工不是优秀员工，没有成果就无法服众。对企业有益的知识贡献更是企业发展创新的源泉，也是员工对岗位、系统深度理解的体现。

第三步：根据不同职类、职种在工作中不同层次的要求，编写管理制度，用以对员工做出正确的能力等级评定，作为员工升级或是降级的标准。

建立健全的任职资格体系，能帮助企业建立起各个职位的具体用人标准。在招聘时严格按照标准进行筛选，使人员和职位高度匹配，提高员工的适岗率，实现企业的业绩要求，也避免了频繁出现员工不胜任工作对时间和资源的极大浪费。在关键职位的安排和职位升迁中，也严格按照任职资格标准来执行，让“正确”的人做“正确”的事，避免“论资排辈”

的不良管理风气，提高企业整体的优化创新能力，提升企业活力。

建立健全的任职资格体系，也为员工开辟了多种类的发展通道。员工通过在企业里的工作学习，知识技能甚至是个性都会有不同程度的改变，这时员工就会产生不同的发展需求，希望去做不同种类的工作，或是希望争取更高层次的职位。任职资格体系是“唯才是用”思想的体现，只要有能力、有成果，能够达到企业的要求标准，就满足员工的需求。这不仅能引导员工对企业业务、系统的深层理解，也能让员工感受到企业“能者上，平者让，庸者下”的用人标准，激发员工对工作的热忱和投入。

分享时刻

互动——严管任职资格。

思考——企业是否明确了所有岗位的任职资格?

是否严格按照资格要求招聘员工，提拔员工?

是否经常进行资格检查?

实践——明确资格，严格考核，坚决执行，让所有岗位都由最有能力、最合适的员工担任。

要素四——职业生涯规划与管理

马斯洛理论（又称需求层次论），把人类需求分为了五个层次，由低到高分别是：生理需求，安全需求，社会需求，尊重需求，自我实现需求。

随着社会的发展进步，人们生活水平的提高，人们的生理需求的满足变得越来越容易，于是人们转而开始追求更高层次的心理需求。薪酬只能满足人们的生理需求，而更高层次的心理需求就需要企业制定人性化的管理制度，营造和谐的企业文化氛围以及提供良好的职业发展环境来帮助员工实现。

很多企业招不到人才，留不住人才，主要的原因就是仅仅只靠薪酬，而没有提供一个良好的发展环境，开辟一条通畅的职业发展道路。员工在这样的企业工作，只能得到薪酬，而得不到能力和地位的提升。久而久之，就会渐渐觉得自己的工作没多大价值，这个企业也没多大前途，自然就去“另谋高就”了。

员工希望有良好的职业生涯规划，不单纯是为了升职加薪，更多的是为了给企业和社会做出更大的贡献，获得他人的尊重和认同，以实现自我价值的提升。

职业生涯规划与管理是从企业的角度出发，为员工设计职业发展通道，建立系统性的测评体系，用以解决员工的发展路径问题，并为培训提供依据，是员工职业生涯发展的体系和制度保证。

1. 职业生涯规划与管理原则

（1）长期性原则。

企业的发展和员工个人的发展是一个长期的过程，职业生涯规划与发展须贯穿员工职业生涯的始终，长期坚持才能取得成效。不能因为短时间内看不到具体成效就疏于管理，致使其成为企业管理的“花瓶”。

（2）动态原则。

企业战略规划的转变，业务流程、岗位的调整，组织结构的变化等，都会对现有的职业生涯规划与管理制度提出新的要求，企业要根据内部环境变化及时对职业生涯规划与管理制度作出相应的调整。

（3）信息透明原则。

职业生涯规划与管理的直接目的是为员工提供帮助，所以要让每位员工都了解该制度的详细内容和具体实施细则，制度的调整与变更也要及时传达给每位员工。

2. 职业生涯规划与管理的步骤

（1）职业通道设计与管理。

企业可以根据自身的业务流程和岗位设计，设计出若干职业通道（如营销、采购、技术等），让员工把握每种通道的发展前景，找到适合自己的发展路径。同时，企业要根据任职资格管理明确各个通道的晋升标准、管理办法，给员工的发展提供依据。

（2）员工职业生涯设计。

每位员工都有自己的职业生涯设计，但是这种设计可能更多的是一种主观性的期望，未必与自身能力、企业实际状况相符。企业可以建立职业辅导制度，对员工的知识技能、性格、兴趣、倾向等进行评估调查，让上层管理者或是资深员工积极与新员工交流，帮助他们根据自身实际情况设立目标，制订发展计划。

（3）能力开发。

帮助员工完成职业生涯设计后，企业就可以在员工实际工作中采用培训、业务指导、定期换岗等方式对他们进行针对性的能力开发训练。培训可以扩充员工知识储备，使其掌握相关工作必备的信息。业务指导可以由资深员工或直属上司来进行，帮助员工掌握实际的工作技能技巧，提高工作效率。上层职位是系统性、综合性的，要求在职者对下层各项工作都有一定的理解和认识，因此，定期换岗可以帮助员工系统性地理解企业业务，为晋升拓宽道路。

（4）检查评估。

企业应定期组织状况检查，对员工能力、绩效进行评估，确认员工职业生涯设计进行情况，分析员工是否达到岗位要求，与下一目标的距离，为员工之后的发展计划提供依据。

（5）反馈修正。

反馈修正是检查评估后的具体施行。企业将评估结果反馈给员工后，会帮助员工分析现存的问题和差距，提出有针对性的建议，促进员工发展。若员工现有能力和职业倾向偏离了初始的职业生涯设计，就需积极与他们沟通交流，对职业生涯设计作出修正，调整未来的发展方向和目标。

职业生涯规划与管理可以实现企业和员工的双赢，帮助双方共同发展。员工有了明确的职业发展道路，可以在自己有兴趣、能够发挥自身特长的岗位上工作，提高自己的能力和竞争力，满足心理上的需求。职业生涯规划与管理能让员工感受到企业对自己的关注和重视，提高员工的忠诚度，降低人员流失对企业造成的损失。同时，能够帮助企业扩充和增强人力资源储备，培养一批与企业高度契合的人才。

分享时刻

互动——重视员工的个人规划发展。

思考——企业有没有帮助员工制订职业生涯规划计划?

企业是否为员工构建了职业生涯发展的良好环境?

实践——职业生涯规划要在每一位员工入职时就与其共同制定好，同时，企业要为其提供信息的支持，学习的帮助，使员工尽快实现自己的职业发展规划。

要素五——人力资源培训与开发

培训开发是人力资源管理的一项重要职能。主要目的是为长期战略绩效和近期绩效提升作出贡献，确保组织成员在组织战略需要和工作要求的环境下，有机会、有条件进行个人绩效提升和经验阐释。

人力资源培训与开发不仅要增强知识、技能等与工作息息相关的能力，还要注重对员工职业道德、人际交往能力的指导，帮助员工从自身出

发营造良好的工作氛围。

现今，很多企业都设立了内部培训体系，不过普遍存在员工对培训积极性不强，响应度不高的问题。有时去参加培训的仅有寥寥几人，即使是强制参加，员工也往往是“身在曹营心在汉”，对培训根本没有认真对待，很多培训就这样成了摆设。

要改善这种状况，企业首先要做的就是让员工真切感受到培训能够给他们带来显而易见的好处，这就需要相关管理制度和体系的配合，如上文提到的任职资格管理和职业生涯规划与管理。将知识技能培训与员工升迁、职业生涯发展密切挂钩，从而获得员工的参与响应。

人力资源培训与开发需要良好的制度和运营。制度上，建立培训管理制度。开设哪些课程，使用哪些教材，由谁来任教，课程如何规划，相关费用的审批和申报等，这些都要有明确的准则和规定。运营上，设立良性循环的培训流程。首先，根据人力资源的需求和目标制订相应的培训计划。其次，根据计划设计具体的培训课程。再次，进行实际的培训实施。最后，通过培训后员工的表现评估培训效果。根据评估结果找出培训的不足之处，对培训计划做出修正调整，展开新一轮培训。

如何开展卓有成效的人力资源培训与开发？下面就体系、内容、效果三个方面进行阐述。

1. 建立分类分层的培训开发体系

企业内部职位众多，每个职类、职种对员工能力、个性的要求都有很大区别。越是处在上层的职位，对员工专项的知识和能力要求就越高，这种分化就越明显。每位员工的时间和精力是有限的，这也决定了他们的学习程度有所限制。如果是基层的岗位，如营销员和操作工，也许有员工能将这两种岗位的知识技能都学习运用得很纯熟。但是达到市场部经理和生产部经理的高度后，就很难将两者的相应能力都掌握得纯熟了。因此，企业要根据职位的类别、级别设立对应的培训课程，培养员工的专项能力，提高整个团队的执行力和工作效率。

2. 设计针对性强的课程内容

课程内容要根据具体职位的需要和级别来设计。课程内容一定是要对员工现在的工作有用的，这样才能激发员工的学习兴趣，加深员工对课程内容的理解。课程内容也要符合员工所处的等级。职位等级的划分不是为单纯地划分上下级关系，它是对员工综合能力、思想境界的一种体现，如果员工的境界没有上升到一定的层次，那么他就很难理解高级课程的内容、意义，更谈不上实际应用了。一般，在新员工入职时，要进行基础技能的培训，这是对所有员工都适用的，无论处在何种职位都应掌握的能力。随着员工被分派到不同的部门，需要根据员工所处部门进行相应的岗位技能培训，以培养员工的具体工作能力。员工在自己的岗位上不断发展，也许会进入管理层甚至是决策层，这时必须进行管理技能培训，帮助员工提高。

3. 培训效果跟踪指导

企业可以通过反应层次（员工感兴趣的程度）、学习层次（员工理解掌握的情况）、行为层次（员工对课程的实际运用情况）、成效层次（给企业带来多少实际效益）四个方面对各个培训课程进行评估。根据评估找出培训开发有哪些问题，在哪个环节有问题，及时制定对策，进行调整和改进。在培训结束后，企业也要安排人员在员工实际工作中进行引导，保证员工能够学以致用，不仅能加深员工对学习内容的理解记忆，也能迅速为企业带来实际利益。

人力资源培训与开发对企业和员工个人都有切实的益处。一方面，提高了员工的工作能力和综合素质，培养了员工对工作的兴趣和理解，使员工拥有更为良好的职业前景。另一方面，员工工作能力、综合素质的提高，不仅能提高企业绩效，还能树立更良好的企业形象。企业内部培养的人才对企业有更为全面、深入的认识，有更高的忠诚度，能更快地适应新的岗位，提高企业整体的凝聚力。

分享时刻

互动——全面系统的培训。

思考——企业目前在人力资源培训方面投入的力度有多大?

人员的能力是否能满足企业的需求?

企业的培训体系是否完善、专业?

实践——多培训，严培训，科学合理地进行培训，切实提高员工个人素质。

要素六——绩效管理

绩效管理是指各级管理者和员工为了达到组织目标共同参与的绩效计划制订、绩效辅导沟通、绩效考核评价、绩效结果应用、绩效目标提升的持续循环过程。

当今世界已全面进入互联网时代，信息更新速度、市场变化速度、竞争对手模仿跟进速度都是过去无法比拟的。企业必须适应这个不断高速化的社会，因为速度是企业生存发展的关键。根据市场寻找创意的速度，将创意商品化的速度，将商品推广普及的速度，一切的一切，都要做到比对手快一步。

企业追求的必须是有效的速度，速度必须带来相应的成果。如果一味求快，在决策、方法上出现重大失误，速度越快就会越偏离目标，不仅浪费了企业的各项资源，还会错过重要的市场机遇。

如何让企业整体生产活动做到“又快又准”，就是绩效管理的目标和内容。绩效主要受到员工技能、外部环境、内部条件、激励效应的制约和影响。

员工技能是企业提高效率的基础和保证，是内在影响因素，可以通过上文所叙述的各类培训课程加以培养提高。

外部环境是企业面临的不可控制的客观因素，如市场环境、社会技术水平、国家的政策法规等，企业无法改变外部环境，就应当去适应它。

内部条件是企业所持有的为开展各项工作所需的各种资源，这也是客观因素，但一定程度上可以进行干预和改变。

激励效应是企业为提高员工工作积极性，促成目标达成而设立的一系列奖惩措施，这是主观因素，完全由企业根据实际情况来制定。激励制度是提高绩效的制度保证。

有许多企业仅仅是将绩效管理作为单纯的考核工具，给员工挑毛病，用来惩罚、压制员工，这种做法背离了绩效管理的初衷。绩效管理的根本目的是通过提高员工个人的工作效率，进而提升一个部门直至企业整体的效率。

绩效管理的目的是获得期望的成果，结果很重要，关注过程也同样重要。一段时间的绩效提高或是降低，并不代表这段时间里绩效管理过程是完全正确或是错误的。管理者要密切关注绩效管理的细节，分析每个环节对绩效产生的影响，发掘正确的方针，剔除修正错误的方针，促成整体的进一步优化。

绩效管理过程是一个循环过程，包含以下四个环节：

1. 绩效计划制订

绩效计划制订是绩效管理的基础环节。计划是一切工作的前提条件，它规定了工作的目标、时间限制、执行人等内容。没有绩效计划，绩效管理就没有依据和标准。

2. 绩效辅导沟通

绩效辅导沟通是绩效管理的重要环节。制订的计划要去执行才有意义，绩效辅导沟通直接决定绩效计划能不能落到实处。

3. 绩效考核评价

绩效考核评价是绩效管理的核心环节。这个环节的工作出现问题，会给整个绩效管理造成严重的负面影响。绩效考核评价要注重公平性，要执行唯一标准，不能容许特例的存在。考核评价结果要公开化、透明化，让部门与部门、员工与员工之间起到相互监督、督促的作用。

4. 绩效结果应用

绩效结果应用是绩效管理取得成效的关键。与利益、薪酬不挂钩的绩效考核是没有意义的，绩效达标或超标的就要奖，绩效未达标的就要罚。如果没有任何激励措施，绩效达标不达标都是同样的待遇，那么员工根本不会认真去对待，绩效管理也就成了一纸空文。

在一轮绩效管理结束后，根据绩效的具体实施过程和最终的完成情况制定新的绩效目标，展开新一轮绩效管理。绩效管理的理想目标就是在上一轮绩效管理结束后充分的去制定更高的绩效目标，实现绩效管理的螺旋式上升模式。

绩效管理在西方企业之中应用得极为广泛，而在东方，由于崇尚含蓄内敛的传统文化，绩效管理并未被广泛严格地实施。开展绩效管理被国内企业认为是损害他人“面子”的做法，为了避免得罪人，许多企业就不去开展绩效管理，或是采用一些“折中”的办法，例如，降低奖惩力度，绩效考核评价结果不公开等，不过这都难以有效地提升企业整体效率。这些做法不仅不利于企业的发展，对员工也是弊大于利。保全员工的“面子”，实际是掩盖他们的缺点，并不能帮助他们提高自我，长期在没有竞争力的环境下工作，员工会丧失活力和进取心。

逆水行舟，不进则退。在各行业飞速发展，竞争加剧的当今社会，你的企业不去提升效率，就是严重的倒退。

分享时刻

互动——严明绩效考核。

思考——企业是否经常进行绩效考核?

绩效考核是否严格依照标准执行?

绩效考核中是否有不公平现象?

实践——绩效要勤考严考，要由企业上层管理部门统一规划执行，进行核查。

要素七——薪酬管理体系

前面提到在如今的求职者和员工心目中，薪酬不再占绝对性的主导地位，职业生涯发展也是他们的重要追求。但不管怎样，薪酬始终是员工最直接关心的问题，“加薪”“减薪”“奖金”等词语永远都能挑动员工的敏感神经。

马斯洛的需求层次论将生理需求归为层次最低的需求，但他还有一句重要的话——当人的某一级的需求得到最低限度满足后，才会追求高一级的需求。如果员工连基本的生存问题都无法解决，又谈何追求理想和发展呢?

国内有许多企业，尤其是中小型民营企业，仅有薪酬而无制度，薪酬的制定和管理往往根据决策者个人的经验和感觉来作出判断，或是直接借用同类企业的制度，并未根据自身实际情况建立起科学有效的薪酬管理体系。仅凭经验判断或是生搬硬套，都难免会产生企业内部酬劳不公的现象，这会直接激化员工与员工之间、员工与企业之间的矛盾，造成十分恶劣的后果。

建立科学合理的薪酬管理体系要坚持以下七个原则。

1. 薪酬水准不低于市场水准、行业水准

同地区、同行业的普遍薪酬水准是影响企业薪酬水准的重要因素。如果你的企业薪酬远低于市场、行业水准，即使有更好的福利、更便利的交通条件、更美好的发展前景，也很难吸引人才，留住人才。对于各种福利，员工可能短期内感受不到，或者并不完全需要，薪酬水准才是员工对企业的第一印象。

2. 执薪公正，做到同薪同酬

只要岗位、职级、工作内容相同，就应严格执行同样的薪酬和福利待遇。同薪同酬是企业内部公平的最直接体现，是员工对于企业内部公平与否最直观的感受，与员工的切身利益相联系。同薪不同酬现象，最容易激起员工对企业的不满，造成员工消极怠工或是辞职离岗，如果这种现象发生在管理人员或核心业务骨干身上，对企业造成的损失将无法估量。

3. 劳逸均衡，合理利用人力资源

一家企业里，如果有的员工一天到晚忙得连喘息喝水的机会都没有，而有的员工却无所事事，喝茶聊天，最后却拿着差不多的薪水，就会直接破坏企业内部团结。合理的薪酬体系不仅表现在薪酬支付上，日常工作的安排，人力资源的合理利用也是一大重要内容。

4. 管理层与员工的薪酬水准不能差距过大

管理层的薪酬水准高于基层员工，这是理所应当的，如果管理层拿着和基层员工差不多的薪水，却承担着更大的义务和责任，自然无法留住管理人员。但是，管理层薪水不能高出普通员工过多。过大的薪资差距会拉大管理人员与基层员工的心理距离，造成他们之间关系的疏远、僵化，甚至产生沟通不畅、执行不力等问题，直接影响企业业绩。

5. 依据绩效考核结果及时调薪

在绩效考核环节中曾经提到，与利益、薪酬不挂钩的绩效考核是毫无意义的。薪酬作为最为直接有效的激励手段，直接影响到员工的工作情绪和状态。没有根据绩效调整薪酬或是绩效评估不公正，都会造成员工情绪低落、士气低下，影响工作效率。

6. 薪资按时发放

拖欠工资是许多中小企业经常出现的问题，中小企业由于自身力量较为薄弱，在资金规划方面经验缺乏，很容易出现资金短缺的问题。但无论有什么理由，企业都应想办法按时支付员工工资。拖欠工资会导致员工对企业信用和经营现状产生怀疑，而且对于靠工资养家糊口的多数员工而言，这也直接影响了他们的正常生活，使他们不能专心投入工作。如果确有紧急状况导致工资不能正常发放，企业一定要对员工进行说明，争取员工理解，在事后也可以适当增加一些小福利，让员工感受到企业的诚意，保持对企业的信心。

7. 适当与员工分享企业利润

企业应当适时适量地与员工分享发展成果。如果企业壮大，利润增加，却没有让员工得到丝毫利益，那么员工就会将自身和企业割裂开来，不再将企业的发展壮大作为己任，这会影响员工的积极性，对企业的发展也会造成影响。如果分给员工的利益过多，企业自身留存的利润过少，也会影响企业接下来的发展规划，对企业和员工个人都会造成更坏的影响。

薪酬管理体系作为企业内部的激励机制和约束机制，是联系企业和员工共同发展的纽带，也是企业吸引人才、留住人才的保障。

分享时刻

互动——构建积极的薪酬管理体系。

思考——企业在薪酬管理方面是否有不合理之处?

是否有员工经常抱怨薪酬设定及发放方面的问题?

实践——根据薪酬管理七原则构建让员工满意的体系，减少员工的不满情绪，提高员工积极性。

第九章

总裁如何做好战略人力资源

总裁，作为企业战略的掌舵者，掌握着企业的前进方向。企业的产品战略、营销战略、竞争战略等方方面面，都需要总裁做出规划管理。企业的人力资源，作为企业运营中不可或缺的一部分，同样需要总裁从战略层面上进行规划管理，使其不断进化与成长。

什么是战略人力资源

人力资源即劳动力资源，是企业经营发展中不可或缺的组成部分。企业中各个环节，各项工作的正常运转，无一不需要人来执行、完成。人力资源是企业正常运作的保证，但是为了使企业不断创新，始终保有强大的竞争力，仅靠传统的人力资源思维是不够的，而是需要将其上升到战略高度。

战略人力资源是总裁将文化与机制用于人力资源管理，迫使员工进化与成长，为企业发展发掘和培养人才的管理过程与行为。招聘、录取、培养、考核，人力资源管理的每一个环节都要输入企业的战略和理念。

比尔·盖茨曾经说过，“如果把我们最优秀的20名员工拿走，微软将变成一个无足轻重的公司”。可见，无论是规模多么庞大，实力多么强劲的企业，人才都是至关重要的。而人才的发掘与培养，离不开战略人力资源的支持。

在人们的通常印象中，大型企业都是有着强大的资金、技术实力，有着完善的运营体系，一个环节的小小缺失，并不妨碍整体的运作，而且，大企业有足够的搜寻能力和吸引力迅速找到替代人才，弥补重要岗位的缺口。

但是，事实却不像人们想象的那样。就像一辆汽车，车身出现了划痕并不会影响汽车正常行驶的功能，但如果发动机出了问题，那么汽车的行驶功能势必会受到严重的影响。

企业的“发动机”往往就掌握在关键人才身上，一旦你失去了他们中的一部分甚至全部，你的企业就会“举步维艰”，或者直接“抛锚”。即使你找来性能同样优异的“发动机”，但如果不适合你的“汽车”，那么也无

法起到作用。再退一步说，假如新的“发动机”适合这辆“汽车”，不过为了能够达到以前的行驶效果，也必须要一段时间的磨合。而在这个过程中，你的对手们可能已经把你甩出好长一段距离了。

乔布斯说：“拥有出色的人才，是公司的一大竞争优势。这一优势能让公司超越竞争对手。”

乔布斯凭借个人的激情和个人魅力，在世界范围内搜罗最优秀的人才，凡是被乔布斯“盯上”的人才，似乎都逃不开他的“魔力”，心甘情愿地为他工作。

乔布斯十分重视人才，他认为自己在寻求优秀人才上做的每一件事都是值得的。他说：“我过去常常认为一名出色的人才能顶两名平庸的员工，但现在我认为能顶 50 名。保持我所在的团队的一流水平，是我最重要的工作。”

正是这种理念，促使乔布斯总是全力争取某一领域的最优秀人才，才使得苹果成为最具创新精神的公司之一。

一般人力资源管理只是将人力资源单纯的看作劳动力，而战略人力资源管理则是将人力资源作为企业的重要竞争要素，是企业战略的重要影响因素。

随着经济全球化的不断深入，信息技术的不断发展，无论是生产还是生活，都处在一个不断透明化的环境中。在当今世界中，资金、技术、产品等因素不再是影响企业竞争的决定性因素，因为这些传统竞争因素早晚会被对手们复制、借鉴，它们无法保证你能长久立于不败之地。

技术创新可以被复制，经营策略可以被模仿，但唯独人力资源是无法被复制和模仿的。一套完善的战略人力资源体系，一批优秀的人才队伍，能够帮助企业在激烈的商业竞争中占得先机。

分享时刻

互动——将公司人力资源上升到战略高度。

思考——公司目前执行的是怎样的人力资源管理策略?

有没有真正认识到人才的重要性?

要求——不要再将人力资源管理看作“人事管理”，而是要看作“战略管理”。

我们的目标——为公司战略奋发

企业人力资源管理中最常见的问题，莫过于人到用时方恨少，尤其是高素质的专业人才，等企业需要时苦苦追求，但结果总是不甚理想。

出现这种问题的原因，便是没有人才储备的远见，没有人才储备的计划。人才不是呼之即来，挥之即去的，而是需要企业时刻进行发掘和培养的，这样，等到需要人才时，才能以最佳的渠道，最快的速度提供给企业。

战略人力资源始终是为企业整体战略服务的，要围绕企业战略的实施来制定。企业的战略是什么样的，就储备什么样的人才，而不是有什么喜好，就储备什么人才，其最终目的是为企业战略目标的实现提供强大的人力资源支持。

无论企业的具体战略是什么，想要使其实现，关键在于满足客户的需求。经营企业实质上就是在经营客户。企业的产品和服务，只有销售给了客户，才能实现其价值，才能推动企业不断发展。满足客户就需要不断创新的高质量产品和服务，为客户创造价值，才能使企业获利。而高质量的产品和服务，需要企业全体员工的努力。

企业的运营，并非简单的生产——销售，想要使企业持续地发展，研发能力、财务管理能力同样不可或缺。而这些能力的获取，都需要相关领域的优秀人才的努力，最终都要落实到战略人力资源。因此，在企业战略的实现过程中，战略人力资源的作用是至关重要的。

许多企业在人力资源的管理上总是“非旱即涝”，在日常经营中不注重人才的储备与培养，等到企业人才枯竭时才去急急忙忙地寻找人才。在企业急需用人的情况下，又常常会采用“大水漫灌”式的招聘方式，不去考虑人才与企业的契合度以及企业目前的实际需要就盲目地大量地录取。其结果不是招进来的员工不能满足企业的要求，就是人力资源过剩，超出企业的承受能力。

人才储备与培养应当如同“涓涓细流”，围绕企业战略时刻开展，保证企业能适时适量地进行人才补充，避免人才“干旱”的情况出现。

思科公司是知名的互联网产品公司，生产的设备和软件产品主要用于连接计算机网络系统。要在互联网领域快速发展，最关键的就是拥有专业的优秀人才。思科公司之所以能长期领跑市场，主要就是由于其独特的人才储备策略。思科的招聘广告是：我们永远在雇人。对于优秀人才，思科永远有兴趣，公司的大门也始终对优秀人才敞开。

思科对于人才的招聘一向不遗余力，报纸、网站、招聘会，所有的方式方法都会用上。不过对于思科来说，最有效的方法还是猎头公司，虽然成本高昂，但是能切实地为公司网罗高技术人才。

思科还有一项特别的机制，鼓励员工介绍他人加入思科。员工介绍一个人来面试公司便给予一个点数，每过一轮面试就再增加一个点数，最终被录用的话还有事成奖金，而点数则会积累折合成海外旅游。

战略人力资源要强调战略性、系统性、目标导向性。战略人力资源管理要以让企业获得可持续的竞争优势为目标，通过部署人力资源管理策略、实践以及方式、方法构成一套与企业战略相契合的系统，并将该系统嵌入到企业组织经营系统之中，促进企业组织绩效的最大化。

分享时刻

互动——建设以公司为中心的战略人力资源。

思考——公司目前的人才战略是怎样的?

有没有将人才战略贯彻到公司日常经营中?

要求——战略人力资源必须为公司战略服务，必须有利于公司战略的实现，否则就是不成功的。

讨论——公司目前的战略是什么?

为了实现战略，需要哪些人才的支持?

任何通过人力资源管理发掘或是培养这些公司需要的人才?

我们的手段——用机制与文化图强

人力资源管理分为业务管理和战略管理。业务管理就是一般人力资源管理工作，即按照企业的人才计划和流程，做好招聘、培训、考核、薪资和劳动合同管理，这种管理严格地说只是人事管理，而非人力资源管理。

战略人力资源是用机制与文化做人力资源管理，同样是用人力资源管理的技术与工具，但在使用过程中，带有企业鲜明的价值取向。让员工在管理中清楚地认识到企业赞同什么，反对什么，我要怎样做才能适应企业的发展，将员工成长与企业成长结合起来。

无论是大企业还是小企业，如何发掘人才，培养人才，留住人才，都是需要探讨的问题。

IBM通过制订接班人计划——“长板凳计划”，来不断发掘和培养企业关键岗位的人才，为企业的持续健康发展提供保障。“长板凳计划”规定，现有管理者在上任之际，都有一个硬性目标，必须确定自己的岗位在未来1~2年内由谁来接任，在3~5年内又由谁来接任，甚至是在自己突然离开时，由谁来接任。保证每个重要管理岗位都有两个以上的替补成员。

“长板凳计划”的顺利实施，得益于两个方面，一是机制的保障，二是文化的引导。

IBM规定，每个主管级以上的员工都要将培养接班人作为自己业绩的一部分，是他们的硬性目标。找不到接班人的经理人将得不到升迁，而他本人也不是一个合格的经理人。由于接班人的成长关系到管理者自身的位置和未来，所以每一位经理层员工都会尽全力培养他们的接班人。

“长板凳计划”在IBM内部健康发展，而没有演变成办公室政治斗争，关键就在于健康的企业文化引导。在职位和经验上的“传带帮”思想已经深入每一位IBM员工的内心，企业一直以来都鼓励员工这样去做，每一位员工都有同样获得学习的机会。

战略人力资源不仅仅是总裁和人力资源部门的工作，想要取得最大的成效，为企业发展提供源源不断的强大动力，需要公司上下每一个部门、每一位员工的密切配合。

机制的保障是将人才的发掘与培养任务化，作为各个管理层应尽的义务，以严明的规章制度和考核方式“逼迫”管理层参与战略人力资源管理。只有与切身利益相关，管理层才会对人才的发掘与培养真正重视起来。对于培养出高级人才的管理者要提拔重用，对于没能培养出人才的管理者则要降级或淘汰，机制既是鼓励也是督促。

文化的引导则是将人才的发掘与培养习惯化，让员工在日常工作中发自内心地为企业提供人才贡献自己的一份力量。营造互帮互助、相互学习的企业文化氛围，让每一位员工都能获得学习成长的机会，让员工切身体会接受知识技能培训带来的益处，让他们对这种文化产生认同感，并自愿地去帮助新员工。

分享时刻

互动——机制与文化的双重渗透。

思考——公司的人力资源管理的现状如何?

是否能够满足公司的需求?

是否缺乏机制的保障，文化的引导?

讨论——如何构建惩罚与奖励并施的机制，推动战略人力资源的执行?

如何将公司文化作用于战略人力资源?

企业的 HR 策略——建设核心团队

企业战略人力资源的标准是，建设一支具有竞争力的核心团队。

1. 企业核心团队的考量标准

（1）数量上，做多。

战略人力资源，绝对不是简单的精英培育，只为培育几个特别有能力的人。而是要扩展到绝大多数员工，培养一大批优秀人才，组建成为一支规模足够大的团队。

（2）质量上，做优。

平庸的团队无法保证企业有强大的竞争力，每一个优秀的企业，都必

定是由一个优秀的团队推动起来的。对于人才的培养，要从严从优，保证进入核心团队的每一位员工都是一流的人才。

（3）时间上，做久。

你的团队有充足的人员，有强大的能力，但是却没有凝聚力，无法坚持长期合作，互利共赢，这样的团队也无法给企业的长期发展带来益处。辛辛苦苦培养的人才，最终只是为其他企业做了“嫁衣”。

2. 人力资源管理策略对核心团队的支持

为了使核心团队保持长期强大的竞争力，推动企业在风云变幻的市场中向着正确的道路不断前行，就要在人力资源管理策略上予以支持和激励。

（1）给予关注。

总裁要给予核心团队足够的关注，这既是对他们的鼓励，也是对他们的督促。核心团队是企业发展的尖兵，是企业力量的最佳表现，核心团队的能力高低直接影响着企业的最高战斗力。

关注核心团队，是让团队成员感受到企业对自己的重视，感受到自己肩负的责任，让他们不断学习、不断进步，努力保持高水平。

关注核心团队，也是为了能够及时发现问题，修正问题。核心团队也是由个人组成的，总会充满不确定性，当团队成员能力停滞、团队成员间产生矛盾，从而影响到整个团队的竞争力时，要及时进行团队成员的调度和调整，保证核心团队的竞争力。

（2）提供成长机会。

核心团队作为企业最佳人才的集合体，拥有着最高的发展潜力，企业要为核心团队建设更好的环境，提供最好的成长机会。

薪酬上的高待遇并不是人才需求的全部，尤其对于高等人才来说，个人能力的成长，个人战略的实现是他们更为关注的。因此，企业要注重满足核心团队成员的精神需求，关注他们的个人战略规划，为他们提供专门性、针对性的培训，使他们更快地成长，更快地实现个人战略目标。

（3）SBU 管理模式。

SBU（Strategical Business Unite），即战略事业单元，既可以指一家完全独立的中型企业，也可以是一家大公司或集团内的一个事业部门，只要这个部门能够独立规划自己的经营战略、有独立的经营目标，就可以被视为一个战略事业单元。

SBU 管理模式能够完全调动核心团队的自主性和独立性，将核心团队作为企业内部的创业团队，让核心团队自己制定战略目标和发展策略，掌握一定的企业资源，充分发挥主观能动性。SBU 管理模式可以最大化核心团队的创新能力，提高核心团队整体的管理水平。

稻盛和夫是京瓷和第二电电两家世界 500 强企业的创始人，在日本被誉为“经营之圣”。稻盛和夫在建设企业、建设团队中取得成功，重要的原因之一就是他独创的经营模式——阿米巴模式。这是一种让团队独立经营的管理模式。

随着京瓷的规模不断扩大，稻盛和夫逐渐感到了管理上的压力，于是他把公司细分成被称为“阿米巴”的小集体，如销售部门的各个销售区域、制造部门的每道工序，都可以作为一个小“阿米巴”。每个“阿米巴”独立负责日常经营中各方面的事物，都作为独立的利润中心，按照小企业的方式进行经营，从而培育出了许多具有经营者意识的领导者，各个团队甚至整个公司的竞争力也随之提升了。

实施 SBU 管理模式前要对核心团队进行充分的培训，不仅要进行业务上的培训，管理知识上的培训，还要传递企业的文化和发展理念，确保核心团队的独立发展不偏离企业的大方向。同时，还要有严格的监督和考核，当核心团队经营出现问题时，企业要及时提供帮助，确保经营活动的

顺利进展。

(4) 持股计划。

给员工发放股份是一种有效的激励方式，它将员工利益同企业利益真正连成了一体，企业发展越快，利润越高，员工获利就越多。

微软的员工持股计划采用的是“认股权”制度，简单来说，就是公司掏钱做本金帮助员工购买公司的股票，赔了是公司的，赚了是员工的。

微软的正式员工在签订合同时，都会按照规定根据自己的技术级别获得认股权。当时的股票价格就是员工认股价格，但是并不需要员工实际掏钱购买。每工作一年，员工都会新增加一定数量的认股权。同时如果股价上涨，员工也可以选择卖掉之前的一部分认股权，从中获得收益。如果股票价格下跌，员工可以选择不认购，不会有任何损失。

按照这种模式，任何一位员工在离职时，手中多少都会有一部分没能兑现的认股权，这些都会造成员工的直接损失。因此，微软的员工持股计划被戏称为“金手铐”。

企业可以根据自身的具体状况，将员工持股计划打造为“金手铐”，并且为核心团队成员戴上“金手铐”。员工能够从中获得切实的利益，企业则能保障核心团队的长期稳定与发展，实现“双赢”。

分享时刻

互动——经营核心团队。

思考——公司内部是否有一支具备强大战斗力的核心团队？

该团队是否不断进取，始终保持竞争精神？

讨论——要具体采取哪些策略来不断刺激核心团队的竞争力？

组织程序——催生企业管理团队的萌芽

战略人力资源需要总裁的规划与管理，但是总裁不可能“事必躬亲”，一个偌大的企业，涉及的人才的招聘、录取、培养、考核等如此之大的工作量，不可能交由一个人完成。因此，总裁必须建立一支战略人力资源管理团队，并在战略层面指挥引导，由管理团队去具体执行。

人力资源管理团队根据工作方式、工作内容、工作结果的不同，一共分为九个等级。

1. 发消息，等消息

HR管理团队通过人才市场、招聘网站或是猎头公司，将招聘信息发送出去，然后便坐在那里等待应聘人员上门。只将发出招聘信息当作完成任务，这样的结果显然不能使企业和总裁满意。

2. 紧跟踪，作分析

在发出招聘信息后，密切关注，每天及时查看各个渠道收集来的招聘信息，通过简历的数量与质量判断渠道的有效性，随时进行策略的调整。

同时，要主动出击，到人才市场进行调查走访，向人力资源专家和同行了解人才招聘的有效渠道，找到适合本企业的方式，尽可能获取高质量的招聘信息。对于需求急、要求高的岗位要积极与猎头公司展开合作，主动招聘。

3. 凭经验，做判断

在获取合适的招聘信息后，没有指定标准、方案、流程，便去面试应聘者。面试时随意地提出问题，与应聘者攀谈，然后凭借自己的经验，判断应聘者是否合格。

这种面试的质量自然无法保证，也缺乏可信度、有效性。面试方法也无法制度化，更无法进行改进与传承。

4. 做标准，严考核

面试前根据招聘岗位的要求，与用人部门负责人共同制订岗位招聘的标准、方法和流程，制订具体的知识、技能和业务考核操作方案，做好应聘者的评估结果记录，逐渐完善企业的招聘面试系统。

5. 做交底，给推荐

对于符合条件的应聘者，特别是核心岗位和重点岗位的人才，在向用人部门提交面试报告后，还要与用人部门负责人进行面对面的交流，对报告中的数据进行详细的讲解，给出推荐意见，让部门负责人对于应聘人员有一个更加深刻的认识和了解。

重要岗位的招聘要安排复试，复试中，人力资源部门和用人部门负责人都要参与其中，进行更严格的考核。

6. 做培训，做监督

将新员工安排到相应部门并不是工作的结束，还要开展系统性的培训，让新员工尽快适应公司的文化，岗位的工作，使试用期的员工努力成为正式员工。

同时，要把培训当成员工考核机制，定期监督新员工在各部门的表现并进行记录，对于试用期内不合格的员工，要建议用人部门立即采取措施，解除劳动合同。

7. 做文化，做推动

人力资源部门要做的不仅仅是人才招聘，还要将自己塑造为公司文化的推动者之一，协助总裁做公司文化的建设与传播。

把员工的成长放在首位，帮助员工制定个人战略，提升职业道德，树立公司提倡的价值观，提高员工的综合素质，为团队输入精神力量。

8. 做战略，做梯队

人力资源部门不能只当“救火队长”，等到被各部门或公司领导催着要人时才急急忙忙去招人。优秀的人力资源部门要理解企业战略，并能根据战略制定出符合企业需求的人才招聘战略，做到需要人时第一时间输送人才，有人离职时立刻有人补上。

做战略性人才储备，形成人才竞争机制，优化企业团队，这样才能为企业战略实施提供强大的人力资源支持。

9. 做流程，做传承

人力资源部门不能只做执行的标兵，还要成为人才战略的实施者，要考略企业长久的发展。所以，战略人力资源执行中的各项工作都要标准化、流程化、工具化，要能够进行交接和传承，保证无论人力资源部门的人员如何变动，企业的战略人力资源仍旧可以高效地运行。

总裁要根据九段 HR 的标准，对人力资源部门严格要求，严格考核，让他们不断提高工作能力和工作标准，并根据不同的管理水平给予相应的薪酬待遇，促成战略人力资源管理团队的进化。

总裁在做战略人力资源时，最重要的就是先树立人才战略的观念和意识，认识到人才对于企业战略实现的重要性。然后组建一支强有力的管理执行团队，将文化与机制作用于人力资源管理之中，逐渐建设一支具备强大竞争力的企业核心团队，最终为企业战略的运行与实现提供基础坚实的人才支持。

分享时刻

互动——在做战略人力资源方面，我最大的缺陷是什么？

提示——从观念意识和操作方法两方面进行思考总结：是缺少人才战略思想，没有认识到文化与机制在战略人力资源上的作用，还是不知道具体如何去做战略人力资源，缺乏相应的方法和工具？寻找以前工作中不足之处的具体事件，进行分析、反省、总结。

讨论——我要如何从思想上和方法上做出改变，开发出支持公司发展的战略人力资源体系？

第十章

招聘的起点——文化认同

招聘，是企业与员工之间最初的直接交流。招聘，不仅是企业对员工的考核，同时也是员工对企业的“考核”。企业通过招聘对员工的知识、技能、性格等各方面都做出初步的了解，以此确定应聘者是否适合企业空缺的岗位。而员工也可以通过企业的招聘形式、招聘内容等方面，了解企业的行事风格、原则与文化。

STAR 模式

在企业招聘的过程中，简历和面试是企业对应聘者做出评价与判断的两种最常用、最主要的方式。

简历由于带有应聘者自身的主观性，企业难以判断简历是否有夸张或是不实的部分。对于应聘者的学历、技能、工作经历，企业还有办法进行调查求证，但是对于应聘者的性格、经验、工作特点等，企业则很难判断本人是否和简历描述的一致。要记住，很多时候并非应聘者故意在简历中撒谎，而是他们对自身并没有一个正确的认识与评价。

为了帮助企业挖掘出应聘者的真实一面，就需要通过面试提问来对应聘者进行更深入的了解，弥补简历的不足之处。面试问题的设置可以采取 STAR 模式，帮助企业对应聘者做出尽可能全面和客观的评价。

STAR 模式是一种根据人们过去的具体行为来预测其未来行为，并对其能力进行测评的一种面试提问技巧。STAR 模式分为四个步骤对应聘者提出问题。

1. 背景（Situation）

提问与应聘者工作业绩有关的背景问题，时间、地点、行业等，全面了解该应聘者取得相应业绩的前提条件。通过这些了解应聘者完成的业绩有多少是和个人能力有关，又有多少是和市场特点、产品特点有关。

例如，一位应聘者说他以前在汽车4S 店工作，有很强的销售能力，曾经在三个月内卖出二十辆车。这时，就不能只听他的“一面之词”，要通过提问了解他达成该业绩的时间是处于汽车销售旺季还是淡季，是不是有厂家做优惠活动等因素的影响。

2. 任务（Task）

详细了解应聘者在其岗位上为完成业绩都需要做哪些具体的工作，每项工作任务的具体内容是怎样的。通过这些详细了解应聘者的工作经历和经验，并判断他之前所从事的工作是否适合企业现在空缺的岗位。

即使是相同的行业，相同的岗位，不同公司之间的业务流程和具体工作安排也会有所区别。不能只看到应聘者做过相关行业，相关岗位就认为他一定能胜任该工作，也许他曾经做的具体工作和你的企业要求的完全不同。

3. 行动（Action）

继续了解应聘者为了完成工作任务，做了哪些方面的准备，采取了哪些具体行动。通过这些，可以了解应聘者的思维方式、行为方式和工作方式。

对工作任务如何思考理解，为完成任务做了哪些学习准备，采用何种方法去完成任务，是对应聘者适应能力、学习能力、办事能力的最好考察。

4. 结果（Result）

最后再关注结果，询问应聘者采取相应行动后带来的结果是什么，对任务的完成是有益还是无益，造成这种结果的原因又是什么。通过这些，可以了解应聘者的自我反省与自我评价的能力。

结果很重要，但却不是最重要，尤其是阶段性的结果。如果能从结果中总结经验教训，使下次工作能取得更好的效果，促成最终结果的圆满完成，那么阶段性的失败就不应成为降低对应聘者评价的因素。最重要的还是要看应聘者对于结果是如何总结的，能否提出更好的行动改进方案。

这样，通过上述四个步骤的提问，让应聘者进行全面深入的陈述，既能让企业对应聘者做出正确的评判，找出适合企业的人才，也给应聘者提供了展示自我、推销自我的机会。

STAR 模式的应用，不一定非得按部就班。企业可以以需要招聘的职位特点和工作要求为出发点对应聘者提问，也可以根据简历中的某一个方面或是应聘者的自我陈述中的某一要点进行突击提问。

例如，一位应聘者说他有很强的团队合作精神，擅长同他人沟通协作。这时，面试官就可以让应聘者举出一个在以前工作中团队合作的具体事例，然后通过 STAR 提问法引导应聘者对该事例做出全面的描述。“这件事发生在什么时候？你团队的成员都有哪些？你需要做的具体工作是什么？你做了哪些准备，具体如何去做的？你遇到了哪些困难？最后任务完成的情况如何？”通过一系列的问题判断该应聘者是否真的具备良好的团队合作能力。

分享时刻

互动——构建 STAR 模式。

要求——不要照搬同行的 STAR 模式，问题的设计必须要独立思考和制定，必须要结合公司的文化和需求，这样的 STAR 模式才是对公司有益的。

讨论——如何根据不同的招聘岗位设计 STAR 模式各个环节的问题？

第一印象的重要作用

第一印象是在陌生的交往过程中，所得到的有关对方的最初印象。第一印象并非总是正确、全面的，但却是最鲜明、最牢固的，难以轻易改变。第一印象甚至会影响对后来信息的获取与评价。如果你对某个人、某家公司有着良好的第一印象，那么当你事后获取关于这个人、这个公司的最新信息时，肯定也会朝好的方面想，从好的方面考虑。甚至当你听到负

面新闻时，你还会从对方的角度为其解释。

企业招聘时应当重视第一印象，应聘者带给他人怎样的第一印象，是应聘者能力、性格、思想的一种初步体现。但第一印象毕竟是片面的、主观的，不应当因为第一印象就对应聘者其他方面的考核产生偏颇性的评价，造成识人、用人上的错误。

张强是某外资企业的人力资源经理，但是他却为最近刚招的一名涉外销售助理伤透了脑筋。在招聘涉外销售助理时，经过上午的初试，共有三位应聘者进入了下午的复试，一名硕士生、一名本科生和一名大专生。

中午，三名应聘者都在企业的食堂里用餐。张强看到那名大专生正津津有味地读着一本英语杂志，张强被杂志鲜艳的封面吸引，于是走过去想要一探究竟。那名大专生注意到他后，便开始滔滔不绝地为他翻译自己所看的内容，并发表了自己的观点和看法。张强觉得这名大专生不仅英语水平过硬，而且善于沟通表达，一定能胜任涉外销售助理的工作。下午的面试过程中，张强越看越觉得那名大专生很适合，于是他力排众议，聘用了这名大专生。

但在正式工作后，这名大专生并未展现出张强所期待的能力，反而处处碰壁，过了好久也没能适应工作。销售部经理也不断向他抱怨，张强感到十分尴尬。就是因为第一印象的误导，张强才没能客观地对应聘者做出正确的评价。

应聘者是否能够胜任企业的岗位，要从多方面进行科学细致的考核，如知识、技能、性格等方面。不能仅仅因为某方面特别突出就给应聘者“亮绿灯”，要始终保持理性的思考评判。

招聘是一个双向的交流过程，在招聘过程中，应聘者也会对企业做出一个初步的评价。企业在招聘中给应聘者留下了怎样的第一印象，对企业、对应聘者而言，都有至关重要的作用。招聘录用的初期公司形象、公司的价值观、团队的思维方式和行事风格，都有可能对员工的工作和思想状态带来巨大的影响。

对招聘职位进行详尽的描述，通知应聘者确切的面试时间并提醒请勿迟到，让应聘者感到这是一家正规的、讲原则的企业。

面试会场要布置得干净整洁，应聘者的座位最好靠近面试官们的位置，让应聘者感到这是一家等级制度不森严、注重沟通交流的企业。

面试官要衣着得体，与应聘者交谈时语气平和，展现一种与对方对等的态度，在应聘者叙述的过程中，要始终予以关注和尊重，不随便打断对方的话语，让应聘者感到这是一家重视人才，文化和谐的企业。

在应聘者自我介绍完毕后，可以向应聘者简单介绍企业的愿景、文化和一些基本信息，告知应聘者在公司能够有哪些学习和提升，有怎样的发展前景，让应聘者感到这是一家有理想、关注员工发展的企业。

以上招聘环节的方方面面，都会给员工留下宝贵的第一印象。员工对企业有怎样的感知，在投入工作后就会采用相应的工作态度。如果员工感觉企业有诚信、有原则、关注员工、重视人才，他在入职后就会用饱满的精神状态投入工作，同样地讲诚信、讲原则，关注企业的发展，将企业当作自己奋斗的家园，为企业的建设增砖添瓦。

分享时刻

互动——不要让第一印象“做决定”。

思考——公司在招聘和录用人才中，是否存在过以第一印象做决定的情况？

靠第一印象决定录用的员工是否总是符合公司要求？

实践——在招聘过程中，要求招聘人员暂时抛却自己的理念和价值观，以公司的理念和价值观为基准，按照相关流程就行严格

考核，对每位应聘者都同样对待，招聘者和应聘者在面试前、面试后不要进行私下的交流。

必须抛弃的错误招聘理念

企业招不到人，招到的人没能很好地胜任工作，或是做了一段时间就离职了。出现以上种种情况，很有可能是错误的招聘理念在从中作祟。想要为企业招聘到合适的人才，确保战略人力资源的正常运作，就必须抛弃错误的招聘理念。

1. 寻找“超人”

“招人就招最好的”，这是许多企业在招聘时奉行的错误理念。追求精益求精，是良好的企业理念，但是将这种理念应用到招聘上便有些欠妥了。毕竟，人无完人。

没有最好的人才，只有最适合的人才。企业在招聘时，不要试图去寻找十全十美的“超人”，而是要去寻找适合自己的，只属于自己的“英雄”。要以企业战略为根本出发点，寻找有利于企业战略推行的人才。

在招聘中，企业要多看应聘者的优点，不要过于纠结应聘者的缺点。只要缺点不影响到岗位需求，那么就是可以容忍的，任何人都会有缺点。企业在人才培养中的关键就在于将个人的优点最大化，再通过团队的力量弥补个人的缺点和不足。

2. 缺人即招，来者不拒

很多企业，一旦发现岗位有空缺，便立刻如临大敌，赶忙发布招聘信息，意图立刻填补岗位缺口，这种盲目进行外部招聘的做法是错误的。企业在人力资源管理中，应当坚持“宁缺毋滥”的原则。

岗位出现空缺，如果缺口不大，应当优先考虑从内部进行选拔调动。

内部员工对企业业务流程更为熟悉，对企业文化有更深入的理解，内部员工能更快地适应岗位，达成企业的需求。同时，也避免了滥招新人造成对企业成本的浪费。

在企业岗位缺口较大，确实急需通过外部招聘进行补充时，在招聘时也要严格遵照人力资源管理的相关规定对应聘者进行严格考核，不合适的坚决不予录取。不能抱着“先招进来再说”的想法，大量录取应聘者。这种做法只是对招聘工作的敷衍，不仅无法为企业带来需要的人才，也会对企业战略人力资源带来负面的影响。无论公司人力多么缺乏，在招聘时都要坚持企业最基本的底线，任职资格底线、业务能力底线、文化底线等。

3. “我选择我喜欢”

一些企业在招聘时过多地受到了招聘者自我价值观的影响，而没能从企业价值观出发，寻找对企业发展有利的人才。

招聘可不是购物，只要自己同产品“对上眼”便毫不犹豫地出手，即使事后发现不满意也可以选择退货或“打入冷宫”，对自己也没多大损害。企业如果招聘了不合适的员工，不仅要付出无谓的成本，还会对企业的正常运营造成影响。

招聘者在招聘时不能仅仅因为对方的打扮、举止、谈吐等方面让自己感觉满意，就草率地进行录用。不要只想任用那些自己喜欢或欣赏的人，招聘是要寻找有发展潜力的人才，要寻找符合企业文化和精神的人才，要寻找对企业发展有利的人才。

4. “我的地盘我做主”

许多企业至今仍抱有根深蒂固的“老板”思想，将员工当作纯粹的雇员，“我出钱你出力”，而不是将员工当作同企业共同进退的一分子，当作企业发展的一部分。

这种思想，注定无法招到满意的人才。你不尊重人才，人才也不会选择你。

企业与员工之间应当是一种互利共赢的关系。员工通过工资获得根本的生存保障，通过在企业的学习奋斗提升自我价值。而企业的生存与发展则离不开员工的努力奋斗。

在招聘时，不能摆出一副高高在上的姿态，让应聘者产生一种“有求于人”的感觉。平等的交流才能更好地沟通，才能让双方都对对方有一个深入清晰的了解。在对应聘者有一个充分的了解之后，也应当向对方介绍关于企业、关于职位的一些基本信息和知识，让应聘者对企业也有一个初步的了解认识。

5. 重经验轻文化

中国广大企业在走出“重学历”的怪圈之后，又陷入了“重经验”的怪圈。现在，许多企业在招聘时，纷纷降低了对学历的要求，但却又加入了其他限制条件，如“有相关行业的从业经验”，“有三年以上工作经验”等。

工作经验并不能完全代表一个人的工作能力，有工作经验的人未必一定能快速适应企业的新工作。没有工作经验的人，往往有更强的学习动力，他们不受固定思维的限制，更容易发现自己的问题和不足。

乔布斯在谈到苹果的成功时说，“苹果的产品之所以受到消费者的疯狂追捧，很重要的一点就是苹果的开发人员很多并非电子产品行业的专业人员，他们之中有画家、有音乐家，有来自各行各业的人。他们从许多意想不到的地方提出了关于产品的改进观点，最终将苹果的产品变为了一件件艺术品”。

当然，不是说企业在招聘时就要刻意去招没有相关经验的人。其实，有没有经验不是最重要的，关键是看应聘者是否认同理解企业的文化，是否能适应企业的发展精神。

招聘是企业人力资源补充的源头，为了使企业战略人力资源正常运转，为企业输送所需的人才，必须把控好招聘环节。摒弃错误的招聘理念，树立正确的招聘理念。坚持少而精，全面考察，平等对待，机会均等，人职相宜等原则。选择有利于企业发展的，认同企业文化和理念的契合型人才。

分享时刻

互动——树立正确的招聘理念。

思考——根据上文内容对号入座，看看公司招聘时是否存在相应的错误理念？

实践——发现错误的招聘理念要立即抛弃，同时，要对抛弃的错误理念进行分析思考，树立相应的正确的招聘理念。

招聘形式就是公司的基本原则

公司无论进行什么事务，都要坚持最基本的原则。不同的行业、不同的理念、不同的文化，使每一个公司的基本原则都不尽相同。然而，这其中也有共性的东西。每一家公司，想在商业战场上生存发展，就必须坚持诚实守信。

公司在招聘员工时，需要关注的最基本、最重要的因素是什么？学历，能力，经验？都不是。最重要的是要看应聘者有没有诚信，有没有积极的态度。能力可以培养，经验可以积累，而一个人的态度、一个人的价值观，却绝非短时间内可以轻易改变的。

公司在招聘时，不要只注重面试内容的设计，而要将公司的基本原则融入到招聘形式上，筛选出符合公司基本原则的应聘者。

1. 面试之前，确定面试资格

在通知应聘者前来面试时，要将面试时需要的证件、证书等告知应聘

者，请应聘者在面试时务必带齐，并通知确切的面试时间和地点。

如果面试当天，应聘者证件不齐，或是无故迟到，或者遇到突发事件但却没有及时告知公司的招聘人员，就要坚决取消应聘者的面试资格。

检查证件是否齐全，并非单纯地考察应聘者的知识、技能水平，更重要的，是看应聘者是否将面试、将公司的要求放在心上。如果连面试都不放在心上，那么他会将他要应聘的工作放在心上吗？如果连带齐证件这么简单的要求都无法做到，那么还能期待他在工作中出色地执行公司的指示吗？

一个人是否守时，是其是否诚实守信的重要表现之一。一个人如果抱着迟到一两分钟无所谓的心态，他就不可能以认真严谨的态度对待工作。他在面试时无故迟到一两分钟，在工作时就有可能无故拖延一两天！

当然，每个人都难免遇到不可抗拒的突发状况，因为突发状况导致无法准时面试可以理解，但是如果没有及时告知则是不可原谅的。无论遇到多么紧急的事件，都要第一时间通知招聘方并征求对方的同意和理解，如果认为自己有特殊情况就理应受到特殊对待，这种想法是对他人极大的不尊重。在工作中，最害怕的不是不会做、做不好，而是遇到这些问题去自作主张，没有向上级询问和沟通。

2. 面试之后，布置作业

面试结束并不代表对应聘者考核的结束，在面试结束后，如果觉得应聘者目前还算符合条件，可以给他布置一道“家庭作业”，作为笔试的环节，让其在规定时间内完成并发送给招聘者，以此确定应聘者是否合格。

试题的设计不要遵循死板的理论知识，而是要根据招聘职位，以该职位日常工作中会出现的问题作为试题。

试题并不只是考核应聘者的技能和经验，同时也是考核应聘者在面对陌生问题时如何思考和应对，以及是否具有在规定时间完成任务的意识和能力。这道试题，就是公司对“未来员工”下达的第一件任务。

3. 录用之时，明确条件

如果应聘者通过了面试和笔试，符合公司的要求，在正式录用之前，必须让应聘者提供离职证明和健康证明，在提供之前暂时不予录用。

每一家公司，每一位管理者，都希望员工全心全意为自己工作，而不是“身在曹营心在汉”。没有提供离职证明的应聘者，可能为自己留了“后路”，认为即使工作做不好也没关系，自己还有其他工作可以做。如果抱着这种心态，本来能做好的工作也会做不好，遇到一丁点小困难就会临阵退缩。一个人无论能力强弱，如果做事时三心二意，都不可能将工作做到最好。

健康证明，是保护从业人员健康安全，避免意外事故的重要保障。若是员工刻意隐瞒或者是本人不知道自身有某些疾病，而公司对此也一无所知，一旦员工在工作中病情突发，不仅会对公司事务造成影响，也会危及员工的生命健康。对于食品、药品等对安全生产要求较高的行业，健康证明更是员工上岗工作的必备条件。

4. “永远不要将门关紧”

永远不要将面向应聘者的大门完全紧闭，对每一个人都应留出一条缝隙。“士别三日当刮目相看”，应聘者今天没能满足公司的条件，不代表以后也不能满足公司的条件。

一个想要获得人才的公司，就要始终保持开放的态度，平等对待每一位应聘者，以全新的视角看待每一位应聘者。对每一位没能录取的应聘者都要鼓励他们，当能力和条件齐备后，欢迎你随时再度敲响公司的大门。

分享时刻

互动——采用有原则的招聘形式。

思考——公司目前的招聘形式是怎样的？

有没有严格固定的形式?

是否在面试前就开始对应聘者进行考察?

实践——招聘形式必须要有固定的模式，而且要严格遵守，对每位应聘者都公平对待，不能因自己的状态或特殊情况而变换招聘形式。

招聘内容就是公司的价值观念

招聘，是公司价值观念对员工的最初展现，也是员工对企业价值观念认同的起点。招聘内容的每一个环节，每一处细节，都要注入公司的价值观念。

公司在设计招聘内容时，最主要的目的就是全面地获取应聘者的信息，来判断应聘者是不是公司需要的那个人。要获取应聘者完整全面的个人信息，做出准确无误的判断，就要从资历、文化、业务三个方面进行考核。

1. 资历

虽然资历不能完全代表一个人的能力，但在很多时候，公司在招聘时还是要首先对资历进行考核。尤其对于一些需要持证上岗的特种行业，一定要对资历进行严格考核，以免出现重大的安全事故。

如果公司招聘的是基层员工，那么资历相对来说确实不是那么重要，只要应聘者拥有最基本的从业资格即可，应聘者的态度、性格、发展潜力更应该成为考核的重点。

但如果公司要招聘的是管理人员或核心技术人员，那么对资历的考核就尤为重要了，因为这些岗位是公司要求能立刻投入工作并且一定要做好的。即使一个人学习能力再强，潜力再高，公司也不可能有足够的时间和耐心等他逐渐成长起来，不可能给他太多犯错再改正的机会。

2. 文化

对文化的考核，并不是考核应聘者的文化水平，而是要考核应聘者与公司文化的契合度。应聘者是否认同公司文化，是否能融入公司文化，是他在投入工作后能迸发多大能量的重要因素。

公司不是靠一个人或少数几个人来推动的，想要使公司快速健康地发展，就必须依靠团队的力量。团队必须有强大的凝聚力，而不是东拼西凑的松散团队。而将团队凝聚起来，让大家的力气往一处使，就必须依赖于公司文化。

公司的文化没有绝对的对错之分，只有适合不适合之别。每家公司的规模、结构、发展历程、发展规划各不相同，公司文化也必定千差万别。应聘者不认同公司文化，不代表他是错的，只是他不适合你的公司。如果一个人连公司的价值观都无法认同，那么显然他不会为你的公司贡献全部的心思和能力。

3. 业务

说永远比做简单，一个人对某个职位、某件工作说得头头是道、口若悬河，但在实践中能不能做好就是另外一回事了。

每个人学习的理论都是一样的，但是每家公司的具体情况却各不相同。公司需要的不是理论家，而是实战家，需要员工能将自己的知识和技能完美运用到工作中去，为公司带来切实的效益。

在招聘员工时，一定要让需要招聘职位所属的部门负责人参与到招聘工作中，由他们对应聘者的业务能力进行考核，他们才是对此最专业、最有发言权的人选。

招聘是公司和个人的双向沟通过程，信息的交流也同样要坚持双方对等的原则。企业有权力获取应聘者的个人信息，确定对方是公司需要的人。同样，也应主动将与员工利益相关的公司信息告知应聘者，让对方确

定这就是他想要去的公司。

许多员工在进入公司没多久便发现，公司内部的状况和他事先预想的及事先听到的介绍不一样。在巨大的心理落差之下，很多人选择了离职。造成这种状况的主要原因，就是公司在招聘时没有和员工做好真实对等的沟通。

在应聘者面试完毕后，招聘负责人要主动同应聘者谈及公司的文化，告诉应聘者公司需要具备何种精神的人，什么样的人会离开公司，让他先做一个自我评估，看是否能融入公司。接下来，要同应聘者介绍职位的发展出路，他所应聘的职位在公司内的大致发展规划是怎样的，让他看到前进的方向。

招聘管理层人员时，还要同应聘人员约法三章，明确他的职责。

- 观念一致。赞同公司的发展理念，愿意为公司的愿景奋斗。
- 能上能下。对上，保证完成公司下达的业务目标；对下，能带领团队为目标奋斗，促成团队的进化。
- 复制团队。在建立起一个有强大竞争力的团队之后，要能用相同的理念和方式建立起更多的优秀团队，增强整个公司的竞争力。

公司在招聘之时，要同应聘者进行深层透明的文化交流，要确保双方理念一致，目标一致，能够同甘共苦，共同奋斗。如果等员工入职后才发现无法融入公司文化，那么只有两种结局，一是公司把他辞退，二是他主动辞职。这些，都不利于公司建立健全的战略人力资源体系。

分享时刻

互动——完善公司招聘内容。

思考——公司目前在招聘环节中主要考察应聘者的哪些方面？

这些招聘内容的考察是否真的能帮助公司全面深入的了解应聘者？了解员工与公司的契合度？

实践——招聘内容的设计不仅包含资格考察，能力考核，性格、思想、文化理念的考核同样要包含在内，要根据公司要求以及岗位要求进行细致的设计。

实践——结构化面试模拟

招聘的效果如何，需要从效度和信度两方面来评价。

什么是效度？效度是指结果反映出的想要考察内容的程度。在招聘中对应聘者提出的各种问题，是否能帮助公司获取想要取得的信息，又能获取多少有效的信息。简单来说，就是招聘过程的有效性。

什么是信度？信度是指结果的一致性、稳定性及可靠性。员工在入职后，在工作各方面中能力、性格、态度的表现，是否和招聘时做出的评价结果一致。简单地说，就是招聘结果的可信度。

为了使招聘同时具备高效度和高信度，可采取结构化面试，以取得理想的结果。

结构化面试是指面试的内容、形式、程序、评分标准及结果的合成与分析等构成要素，按统一制定的标准和要求进行的面试。结构化面试主要体现在三个方面：一是面试过程结构化；二是面试试题结构化；三是面试结果评判结构化。

传统面试的最大弊端就在于主观性太强，缺乏科学有效的标准。公司和负责招聘的人事经理往往根据不同的状况对面试的程序、时间进行调整。面试的问题太过随意，想到哪问到哪，问题的设计并没有针对性，没有提前规划好想通过这个问题具体了解哪些信息。还有一点是评价缺乏客观依据，想怎么评就怎么评，对应聘者的评价完全取决于面试官个人的印象和感觉。因此，采用传统面试的招聘效果通常不够理想，结果也难以令

人信服。

尽管结构化面试也是通过招聘者与应聘者之间的交流来进行的，但从形式到内容上，它都突出了标准化和结构化的特点。每一个环节都输入了公司的意志，都经过了科学的论证实践，都有明确的执行标准和模式。

西门子公司在面试时就有自己一套有效的模式。

西门子（中国）公司在招聘销售人员时，首先会根据销售职位的工作需求定义几个大方向性的要求，比如主动性、沟通能力、团队协作能力等。并根据这些要求设计相关的面试环节，如英语演讲、小组讨论和角色扮演等。

英语演讲主要考察应聘者的英语流利程度和表达自己观点的能力。应聘者会不会紧张，英文是否流利，是否擅用肢体语言，运用现场道具等，都是要考察的要点。

小组讨论主要考察应聘者的团队沟通与协作能力。小组成员能否分析清楚讨论的主题，需要解决的主要问题是什么，具体采取什么方案，这些都是检验应聘者解决问题的能力。

角色扮演是通过现场模拟演练，看应聘者如何与客户沟通，怎样去解决客户的问题。主要考察应聘者是否有销售的经验和感觉。

每一个环节都设有观察者，来给每一个应聘者打分。在面试结束后，所有参与招聘的人员还要在一起对当天的所有面试者进行评价讨论，并提出一些意见。总得分高的应聘者未必一定会被录用，公司还会考虑应聘者的综合素质、在每一个环节的具体表现等进行综合性的评判。

每一家公司都可以根据自身的状况设计一套独有的结构化面试方案。根据招聘职位的不同，也可以采取不同的面试方式和面试内容，不需要千篇一律，采用同样的模式。

在招聘高级技术人员或是高级管理人员时，参与应聘和符合基本条件的人都比较少，要由相关的部门负责人参与面试，尽可能进行详细的考核，面试要预留足够的时间或是安排多轮面试，有必要时还可以安排笔试。

而在招聘适用面比较广的职位，如文员、基层操作工等时，由于参与应聘和符合条件的人很多，可以由人力资源部门先进行电话面试，在电话里先了解他们的基本信、交流沟通能力等，感觉合适的再安排他们来参加现场面试。

进行科学有效的结构化面试，可以帮助企业对应聘者进行更为准确的个人能力评估，使员工和岗位间能快速地“无缝对接”。降低员工的离职率，降低企业的人力资源成本，帮助企业建立起高效的战略人力资源体系。

分享时刻

互动——建立属于自己的结构化面试体系。

要求——构建的结构化面试必须符合公司现状，具备可执行性，结构化面试结果要保证同时具备信度和效度。

实践——构建结构化面试体系后，要在实际应用中做好记录与考察，评估执行状况，对于不足之处及时进行修正。

第十一章

录用的过程——绑定契约精神

通过招聘环节的全面考核之后，如果应聘者符合公司的要求，公司便予以录用。但在录用环节中，公司同样有许多工作要进行。录用，是招聘和入职之间的过渡衔接环节，录用过程的细致完善，可以让新入职的员工更迅速、更准确地投入到工作中。

公司与员工本质上是一种交换关系

公司是一个商业组织，而员工就是这个组织的成员。员工之于公司，就如同公民之于国家。集体的利益高于一切，只有集体强大了，才能保障个人的利益。同时，集体的利益也只能通过每一个个体的努力奋斗来实现，集体有义务为个人提供更好的生存发展环境。

公司与员工本质上是一种商业交换关系，公司提供职位、薪酬、晋级及成长的机会，员工提供结果和价值作为平等交换。这就是雇佣关系的确立，也是我们提倡的契约精神。

契约精神最早源于西方，广泛存在于商品经济社会。契约精神提倡缔结契约的双方应当坚持自由、平等、守信的原则。

没有商业化的契约精神，公司内部管理就极易走向极端化。一个极端是走向权力管理，靠强权压制员工，将员工当作机械；另一个极端是走向情感管理，没有制度的约束和激励，完全依赖员工的自主性。这两种极端最终都会落入人治管理的旧俗，对公司的管理没有公平合理的制度保障，仅仅依靠领导人的一己之念。

公司需要的是员工的“功劳”而不是“苦劳”，无论员工工作多么勤奋，多么努力，只有取得了切切实实的成果，对于公司才有意义。

有任务却无结果，是许多公司的“心病”。员工似乎都在努力工作，但企业却得不到相应的成果。老板很困惑，是应该责备员工还是不应该呢？员工也很困惑，为什么我这么努力，老板还是不满意？

公司应当注重在员工心中树立结果导向的意识，让员工不要把工作本身当作任务，而是要把达成结果当作目标。员工只有达成了公司要求的结果，才算真正完成了“契约”。正如管理学家们所说，公司给了你1000元

的报酬，是因为你至少为公司创造了1001元的价值。公司要培养员工的主人翁意识，要让他们认识到为公司奉献就是在为自己工作，而不是为别人打工，让他们自愿地为公司创造剩余价值。剩余价值是公司发展的基础，也是员工利益的保证。

当员工履行“契约”后，公司也要履行相应的“契约”。公司要回馈给员工的，绝不仅仅是薪酬，公司必须有一个合理分配、利益共享的机制，将公司利润适当地分配给员工，让员工感受到公司发展为自己带来的利益。这样才能真正地激励员工，才能让员工将企业当作自己的另一个家。

在惠普公司刚成立不久，正在寻求发展之际，有一批军事订单送上门来。公司上下都很兴奋，因为这批订单利润可观。但是让员工们没有想到的是，公司创始人之一的惠莱特却拒绝了这份订单，大家对此都很不解。

原来，惠莱特和普克德在创业之初就看重每一位员工，坚持“一经聘用，绝不轻易辞退”的用人原则。而公司现在人手不足，为了完成这批临时订单，公司需要再额外招12个人。一旦订单完成，公司没有资本和业务去养活这12个人，必须将他们裁员，这种做法有悖他们的原则。

惠普公司将聘用员工看作一件严肃而神圣的事情，将员工真正视为企业的一分子，而不是单纯为了企业利益出工出力的“打工仔”。正是因为如此重视员工，惠普才最终一步步成为了世界500强的大企业。

有许多公司，表面上说着重视员工、重视人才，但将公司利益和员工在同一天平上时却又毫不犹豫地选择了利益。公司的利益的确重如泰山，尤其当面对触手可及的利润时，选择放弃对于任何一个领导人都是异常艰难和痛苦的。但是，要记住，员工才是公司最大的资产，员工才是公司生存发展的最大推动力。选择眼前的利益而破坏了员工与公司之间的情感纽带，是一种极其短视的做法。眼前的利益，无论多么诱人，终归只是一时，而不可能保证公司长期的繁荣。而员工则是长久的，让员工切实感受到公司对他们的重视和关怀，他们会爆发出超乎你想象的能量。

重视员工，并非简单地喊喊口号，做做表面工夫。要求员工与公司“共苦”却不愿意和员工“同甘”，一旦利益当前就抛弃员工，这样注定无法获得人心。一旦雇用了员工就要尽一切可能对员工利益负责，员工才会全心全意地对公司负责，公司与员工双方才能互利共赢，共同发展。

分享时刻

互动——将员工视为公司的一分子。

思考——公司是如何看待员工的?

与员工之间是否建立了平等交换的关系?

公司之前是否存在为了蝇头小利而抛弃员工的现象?

讨论——如何从思想和制度上确立员工与公司之间的平等合作关系?

录用前需要确认的事项

在正式录用员工之前，要让员工充分了解公司的文化和规章制度，并做出确认。这既是对员工负责，也是对公司负责。员工与公司双方的合作，应当建立在毫无间隙、互相认同的基础之上。

1. 先看合同，确认权利和义务

劳动合同是劳动者与用工单位之间确立劳动关系，明确双方权利与义务的协议。劳动合同是以法律手段对公司和员工双方进行保护和约束，而绝非某一方用来满足自身利益的工具。

劳动合同的订立应当坚持合法、协商一致、平等自愿、等价有偿的基

本原则。虽然合同内容是由公司设计的，但是不能因此就随心所欲，制定一些霸王条款。只规定公司权利而不规定员工权利，只强调员工利益而不强调公司利益，这些做法都是错误的。

公司应当主动要求员工认真阅读合同内容，有疑问及时提出，负责人也要认真做出回答。不能只将合同作为一种形式，催促员工签字来草草了事。签订合同后，双方都要按照合同规定严格履行，不能仅要求员工个人，公司自身也要进行严格要求。

2. 再看《总裁告员工书》，确认公司文化

要使员工尽快地融入公司，向员工灌输公司文化是至关重要的。公司文化是在公司运营中不断形成的，但是也需要总裁进行适当的引导。每一家公司的文化都要帮助员工树立起正确的价值观，让员工对个人和公司的关系有正确的认识。

（1）树立正确的社会人心态。

员工要以社会的标准衡量自己，而非用个人的标准衡量自己，这样才能对自身有更清醒的认识。许多员工在工作中常常会有不平衡心理，觉得谁比我干得少反而拿得多，我为公司赚了那么多，公司才给我那么一点报酬，这些都是一种“自我偏见”。

重要的不是关注他人，而是要关注自己，要时刻保证自己是符合公司标准的，别人犯个错、偷个懒，不能成为自己犯错、偷懒的理由。同时员工也应当明白，自己的成就并非只是依靠个人的才能和努力，同时也是环境铸就的。如果公司没有提供相应的环境和支持，仅凭自己一个人又能做成多少事呢?

（2）自我负责。

我们常说，“穷人的孩子早当家”。那是因为穷人家的孩子担负着更多的责任，他们对自己负责，他们以大人的标准要求自己，与年龄无关。如果不能担负起责任，那么永远都只是“小孩”。

遇到困难要独立思考、独立尝试，不要一遇到问题就本能地去求助他人，这种依赖心理会严重限制个人发展。每一位员工都应该敢于担当，要勇于承受风险与压力，去承担超越自己能力的责任，在挫折中才能更好更快地成长。

(3) 建立伟大的公司是我们的共同使命。

建立一个伟大的公司，需要英雄般人物的领导，但同时也需要全体员工发自内心地奋斗。伟大的公司并不像伟大的人一样多，伟大的人如果不能将自己的激情感染给员工，那么他也无法成就伟大的事业。

要激发每一位员工的荣誉感和使命感，要以自己的工作为荣，要以建设企业为使命，不能让员工认为自己只是在“搬砖”，而要让所有人都感觉自己在“建设摩天大楼”。

3. 看员工手册，确认公司规则

员工手册是公司内部的人事制度管理规范，既是公司的管理工具，也是员工的行动指南。员工手册一般包括礼仪守则、公共财产、人事档案管理、员工关系、客户关系等内容。它有助于员工了解公司事务的各项规则，让员工按照公司认同的方式行事，达成员工与公司之间的彼此认同。

有许多公司只是事务性地将员工手册发放下去，员工去不去阅读，有没有理解丝毫不关注。等到员工犯错误的时候，才拿出手册来一一指出员工的“罪状”进行惩罚。这种做法，非但不能避免员工犯错给公司造成的损失，也常常会引发员工的不满，导致他们愤而离职，实在是一种“双输”的做法。

员工手册不能仅仅发到员工个人手中就完事，而是要作为公司最初的培训内容，由人事部门相关负责人带领员工进行浏览解读。尽到了公司应尽的责任，员工也会对公司的规章制度更加重视，减少犯错的概率。

4. 了解晋升发展路线图

让员工了解晋升发展路线图，让他们看到自己所在的岗位在公司内部

的发展前景是怎样的。这是对员工最初的激励，也是促使员工自我进步和成长的手段。

让员工了解晋升发展路线图可以帮助他们明确自己的目标，有目标才有动力。如果一个员工只是将自己当作一名基层员工，不知道自己前进的道路在哪里，那么他就不会愿意也没有方向去努力，就只能永远是基层员工。但如果他有明确的发展目标，那结果就会大不相同。他会在努力完成本职工作的同时不断学习新的知识、新的技能，始终保持工作激情，让自己尽快地进步。

分享时刻

互动——进行充分的录用前信息交流。

思考——公司目前在录用员工前主要同员工介绍哪些信息？

这些信息的交流是否能让新员工真正了解公司，认同公司，愿意同公司一同奋斗？

讨论——如何将公司的制度、理念、文化、员工发展前景规整为介绍资料，以便在正式录用员工前同员工进行全面探讨？

录用中的注意事项

在员工了解并确认公司的合同和制度后，要让员工签字确认，以书面形式确保双方权利与义务关系的正式确立。

1. 签订两份合同书

劳动合同一式两份，公司与个人各自保留一份，作为互相确认权利与义务的依据。两份合同的形式、内容必须保证完全一致，不能有所出入。

两份合同都需要员工进行签字确认，在员工签订合同前，人事部门的相关负责人要提醒员工对两份合同进行比对，确认无误后再签字。

2. 签订制度确认书

在员工阅读完员工手册，了解公司主要的规章制度后，要让员工签订制度确认书，表明员工已了解公司主要制度，并愿意严格遵守。如果之后有违反公司制度的行为就要按照相关规定进行处理，不能再将“不知道”作为违反规定的借口。

3. 发出欢迎信并介绍给同事

在员工签订完合同与制度确认书后，就已经正式成为公司的一员，人事部门要发出欢迎信迎接新伙伴的加入。再将其带领到相关岗位负责人那里，并由相应负责人在部门内部进行成员之间的相互介绍，帮助新员工与老员工迅速打成一片，使其快速融入到工作和公司中去。

许多公司面对新加入的基层员工时，态度总是冷冰冰的。一些员工人数较少的小公司还能保持整体的融洽气氛，但公司规模越大，人数越多，员工之间就越是容易陷入冷漠。这主要是因为人数多而造成人际关系复杂化，而且部门负责人和老员工都不确定新员工能否适应工作，能否长期地坚持下去，因此都不愿过早地为新的人际关系付出。而这种状况会使新入职员工陷入交流困难的境地，反而使他们更难融入工作和团队中，最后选择离职，造成恶性循环。

4. 对领导层约定特别条款

对于招聘的领导层人员，还要同普通员工做出一些区别，并与其约定特别条款。

一是保密条款，由于领导层人员会接触到公司的商业秘密，所以为了防止领导层人员将商业秘密泄露给他人，损害公司的利益，就需要签订保密条款，并且对违反保密条款时应承担的责任做好约定。

二是竞业限制条款，竞业限制是领导层人员在终止、解除劳动合同后的一定期限内不得在经营同类业务或在与本公司有竞争关系的其他公司任

职，也不得自己生产与原公司有竞争关系的同类产品或经营同类业务。与领导层人员签订竞业限制条款，可以更好地保护公司的利益，避免领导层人员离职或跳槽后同公司竞争而对公司利益造成损害。

特别条款同样需要相应员工进行确认签字，表明自身愿意遵守相关条款，以法律手段维护公司的合法权益。

分享时刻

互动——让录用程序合法合规。

思考——公司的人力资源部门在录用新员工时是否有应付了事的情况？

是否没有明确向员工解释合同内容和公司规章制度，导致事后出现争执？

讨论——如何让人力资源部门真正重视起向新员工讲解合同和公司制度的重要性？

录用后的必备清单

在员工正式入职后，为了使员工尽快熟悉岗位，进入工作状态，公司要提前为员工做好必要的工作安排。员工能否迅速进入工作状态，熟悉业务流程主要取决于他们自身的主观能动性，但是公司准备好必要的客观条件也是十分重要的。

1. 岗位说明书

岗位说明书是表明企业期望员工做什么、怎样去做、履行什么职责的总汇。岗位说明书是岗位基本信息、工作内容、工作性质、工作职责的重要说明材料，是让员工对自身岗位认知理解的重要工具。

岗位说明书最好根据公司的具体情况进行设计和制定，不要为了图省事就照搬其他公司的岗位说明书。别人的岗位说明书不一定适合你的公司，而且也无法体现你的公司的文化和风格。

在编制岗位说明书时，要注重文字简单明了，使用浅显易懂的语言，整体思路清晰。如果岗位说明书让员工看不懂或产生误解，甚至让人力资源部门都看不懂，那无疑是失败的。岗位说明书的内容越具体越好，避免形式化、书面化，不要让岗位说明书成为摆设，而是要让其成为具备实用性的岗位指南。

2. 岗位操作流程

岗位操作流程是员工开展工作的指南，对于每一位新入职的员工，都是最基本的工作培训材料。公司最好对各个岗位都制定出操作流程图，并配合具体的文字说明，让员工更快地掌握确切的工作步骤和要点。

岗位操作流程同样要十分具体，每一个步骤都要有准确细致的说明。一些简单的事情不要认为理所当然就忽略了，对于新入职的员工，一切都是陌生的，制定岗位操作流程的标准就是要让每一位新入职的员工都能独立照着流程的描述顺利完成岗位工作。

只有制定出清晰细致的岗位操作流程，才能保证员工在工作中对某一处细节都认真负责，达成最高的工作质量。

3. 一周要事清单

员工入职后的第一周是最为关键的，直接决定员工能否适应工作，融入团队。

员工入职的第一件要事就是办理相关手续，领取必要的工作物品。然后将员工带到岗位工作现场，发放必要的资料和岗位工作流程，并安排试用期指导人对其进行专门的培训指导。根据岗位工作的具体不同调节员工的学习时间，一般当天下午或第二天就要让员工进行独立的实践。

要让员工尽可能独立完成工作，但是要鼓励他们多问，遇到不懂的或

是不确定的事情要及时地向同事、向负责人询问，而被询问的人也要热情耐心地进行回答。要给予新员工一周的“特权”，无论新员工问什么问题都要认真地回答，要给予新员工更多的耐心、更多的空间，他们才能学习得更快。

在第一周的工作结束后，部门负责人要及时找新员工沟通交流，询问其目前的工作情况，能否适应岗位工作，有什么意见和想法，工作过程中有没有什么困难，需要什么支持和帮助。既能掌握新员工目前的状态，也是对新员工的关照和安抚。

4. 干净齐备的工作现场

良好的工作环境是顺利开展工作的必要物质基础，任何人都希望能在一个整洁的环境中开展日常工作。干净齐备的工作现场有助于员工保持良好的心情，更能使员工集中精神投入到工作中去。这也是公司形象，公司文化的一种体现。

同时，干净齐备的工作现场也是对员工的暗示和要求，公司给你提供了良好的工作环境，你就应当心无杂念地投入到工作中，而且在工作中要尽量保持工作现场的秩序，并在工作结束后将工作现场整理恢复到自己刚接手时的状态，有助于培养员工良好的工作习惯。

5. 组织联络图

为每一位新入职的员工都准备一张组织联络图，让他们了解自己的岗位在公司整体业务流程中的位置，了解与自己岗位关联的岗位有哪些，自己应当对谁负责，知道公司都有哪些部门，哪些领导，具体负责什么事务，不至于遇到不同问题的时候找错人。

尤其对于新入职的管理层人员，一份详尽的组织联络图是其迅速开展工作的保障。管理层人员不仅要协调上层，同时要管理下层，如果不清楚自己对谁负责，自己负责管理哪些岗位，哪些人员，就没法顺利开展工作。

组织联络图是让员工了解公司结构，融入公司生活，建立公司整体良好沟通渠道的有效工具。

分享时刻

互动——备齐入职工具。

思考——公司在新员工入职后是否给他们提供了完善的工作环境和学习资料？

员工熟悉岗位工作速度较慢是否与这些因素有关？

讨论——在员工入职后最需要哪些资料？

公司如何制定并发放这些资料？

第十二章

培养的目标——员工才是重点

公司的成长，离不开员工个人的成长。只有公司内的所有员工能力增强了，效率提升了，整个公司的竞争力才能不断提高。有许多管理者将公司生产效率归结于员工不努力提升自我，这种观点是错误的。员工不成长，不是员工个人的责任，而是公司没能建立起完善有效的培养体系。因此，公司内部要时刻注重对员工的培养，促进员工的不断进化。

提供自学的原则与条件

“师傅领进门，修行靠个人”。一个人无论有多么优秀的老师，如果本人不下工夫，那么就无法取得良好的学习效果。员工能力的提升，最关键的还是员工个人愿意去学习，认真去学习。

自主学习主要是依靠员工个人的上进心和学习热情，但是，公司也要制定相应的学习目标，提供相对充足的学习环境，督促鼓励员工去自主学习。学习既是员工的权利，也是员工的义务。

公司要明确规定，每一位员工在试用期内，必须学会相应岗位的具体操作流程，并能熟练掌握。在试用期结束后，必须保质保量完成岗位任务，不能再以自己是新员工当作没能完成任务的理由和借口。

公司要制定明确的岗位工作标准，细致完整的岗位操作流程，为新员工提供详尽的学习教材。建立案例库，将公司以往的各种正面的或是反面的案例都进行汇集整理，作为新员工的学习和警示资料，学习正确的工作方法，避免错误的工作方法。

在新员工阅读完相关学习资料后，负责人可以进行简单的提问，掌握新员工的自学情况，如果发现有理解错误或不全面的地方要及时指出，纠正错误。在判断新员工理论知识已经掌握后，就可以安排员工进行岗位实际操作，让新员工在实际工作中发现自己的不足。在当天的工作结束后，要求新员工写出当天工作的心得体会，进行自我回顾与反省，加深对岗位工作的记忆和理解。

公司要让处于试用期的员工享有学习的“特权”，只要在试用期内，员工无论遇到什么疑问都可以随时进行询问。即使是刚被教授的知识突然忘记了，也可以立刻询问，被询问的老员工或是负责人必须耐心地做出回

答，再次进行示范，鼓励新员工不懂就问。

负责人必须容忍新员工犯错误，无论是多么简单的事情没有做好，负责人都不能责怪新员工，也不能对其讥笑、嘲弄，而是要保持平和的态度指出错误，并教会新员工正确的做法。不要在新员工工作几天后还在犯错就对其失去耐心和信心，只要试用期没有结束，新员工就还有犯错的空间，还有学习的机会。新员工也许会在试用期的最后一天才突然“开窍”，将岗位工作做得井井有条，因此，不要轻易放弃每一位员工。

给新员工提供良好的学习环境，充足的学习资料让其自学，是让新员工学习基本的工作技能，适应岗位工作的高效方法。同时也能培养员工良好的学习习惯，为员工今后的发展提升打下坚实的基础。

分享时刻

互动——激发员工学习热情。

思考——公司员工是否有高涨的学习热情？

是否有强烈的进取心？

是否有良好的学习环境，充足的学习工具？

讨论——如何通过环境的营造和奖励机制的制定刺激员工的学习热情？

如何建立强大的资料库，为员工提供多样化的学习工具？

提供公司层面的培训

仅仅依靠员工自学，所能达成的培养效果是有限的。尤其当员工上升到一定层面后，需要学习更深入的知识和技能时，就需要公司组织进行培训，提供更专业的指导。

公司的培训计划，要从业务培训和文化培训两方面进行。有许多企业在培训中经常会陷入“重业务轻文化”的误区，只注重提升员工的工作能力和工作效率，而忽视了对员工思想的引导，其结果就是员工都有出色完成工作的能力，但是公司却频频出现质量问题。

从2009年1月开始到2010年2月，因油门踏板和制动系统等故障，丰田公司连续在全球范围内召回850万辆汽车，主要涉及凯美瑞、卡罗拉和雅力士。而在我国则召回了约7.5万辆RAV4，当时丰田在华召回因“慢半拍”而备受国内诟病。

2009年8月24日，丰田在华两家合资企业——广汽丰田、一汽丰田宣布，由于零部件出现缺陷，自8月25日开始，召回部分凯美瑞、雅力士、威驰及卡罗拉轿车，涉及车辆总计688314辆。这是我国自2004年实施汽车召回制度以来，数量最大的一项召回。

连续两次“丰田门”事件在当时可谓轰动一时。丰田汽车出现严重质量问题的原因是多方面的，但是一定不会是技术原因或是员工工作能力不过关。第一次召回是因为油门和制动系统故障，第二次则是因为电动车窗控制开关等零件故障，对于丰田这样世界顶级的汽车企业，这绝对称不上是技术难题。原因便出现在思想上，正是因为各个层级的员工、管理者在思想上麻痹大意，没有把控好质量关，才会使如此大量的问题汽车能够通过层层检查，最终流向市场。

对于提供无形产品的服务型公司，加强员工的文化培训同样重要。服务类行业的最根本的原则就是以客户为中心，要为客户提供最良好的体验。公司内的业务员即使业务十分熟练，但如果在为客户服务的过程中始终保持着冷漠的、爱答不理的态度，不听取客户的意见，那么注定无法留住客户。

任何公司，一定都会将“以客户为中心，保证产品质量”作为公司最基本的文化理念，任何产品或服务，无论是高端还是低端，都必须保证质量可靠，赢得消费者的认可才有意义。产品质量和服务质量的提升需要公司全体员工的共同努力，只有将重视客户、重视质量的公司文化深深植入每一位员工的大脑，才能从根本上杜绝质量问题。

分享时刻

互动——业务与文化培训“两手抓”。

思考——公司内部培训是否只有业务培训，而无文化培训?

讨论——如何开展符合公司理念的文化教育来提升员工的综合素质和职业素养?

培训方式可以选择由公司内部人员进行，也可以选择外包给专业的培训机构来进行。

采用内部培训，公司对培训内容、培训时间的把握上更有主动性，也能为公司节约一部分培训成本。公司内部的各个培训负责人对公司的文化、人员的状况、岗位的职责和工作技能更为熟悉，能保证培训课程简单易懂。但是这种培训过于依赖个人的知识水平，有一定局限性，而且负责培训的员工离职后整个培训体系都会受到影响。

采用外包培训，则可以从更专业的角度进行，为公司引入外部的智慧和观点，而且人员的变动不会对培训体系造成影响。缺点是培训机构带来的是更为宽泛的理念，难以深入公司的具体状况。

两种培训方式各有优劣，公司管理者可以根据公司不同阶段的发展状况灵活选择相应的方式。

无论是选择内部培训还是外包培训，在制订培训计划时都要有针对性。要结合当年的战略需要，具体的业务目标，按照层级、部门和专题进行定期的培训。让员工在接受培训后能学以致用，立即应用到工作中，提升工作效率，不仅能为公司带来实际的利益，有助于公司当前战略的实现，也能提高员工的工作积极性和参与培训的热情。

分享时刻

互动——选择正确的培训方式。

思考——公司培训有无完善的体系？

是采用内部培训还是外包培训的形式？

讨论——公司现有的培训方式是否适合公司现状？需不需要做出改变？

体验式培训

实践是最好的学习方式，来自于亲身体验的经验才能让人们记忆得更持久、更牢固。就像我们学习骑自行车，学习游泳一样，无论我们对于理论知识掌握得多么熟练，都不可能真正地学会。主动地去体验一下，骑车摔两跤，游泳呛几口水，能使我们更快地学会而且终生难忘。

想让一位员工以最快速度学习新的知识、新的技能，最好的方法就是让他亲身去做、去体验。体验式培训不仅有助于员工提高个人能力，发掘其自身的特长和兴趣，也能为企业营造良好的学习氛围，建立有效的沟通理解渠道，建设和谐的企业文化。

人们常用“树挪死，人挪活”来形容改变工作或环境能给个人带来更好的机遇，每个人都不可能从一开始就找到真正适合自己的，能够充分发挥自己特长的工作，他们都希望赢得更好的未来，这就必然会造成人才的流动。既然人才的流动不可避免，为了防止人才流失到公司外部，削弱了自己，成全了对手，公司不妨尝试制定企业内部岗位体验及轮换制度，让

人才仅在公司内部流动。

电脑科技公司之间的竞争十分激烈，只要在技术革新的脚步上稍微放慢，就有可能被市场迅速淘汰。英特尔公司之所以在市场上始终保持前列，主要是因为公司一直在超速运转，产品开发周期仅为六个月。在这种高速强压力的环境下，为了使员工都具备极强的适应力，让公司生存下去，Intel 经常让员工在公司内部进行工作调换，让公司内部组织始终保持流动状态。

英特尔在思想和制度上都提倡内部调换，只要员工在现有职位上做满 12 个月，就可以同自己的经理、主管沟通，申请其他部门的一些职位。Intel 会将所有空出的职位、新的职位等，在网上第一时间公布出来，员工可以在网上查找，如果有感兴趣的岗位想申请，可以直接跟上司说，然后参加相应岗位的内部面试，通过后便可调换岗位。

在英特尔，内部调动工作是很普遍的，只要有相应的能力和技能，就可以换到其他岗位。这种制度让公司内部员工进行了全方位的体验与学习，有助于他们找到自己感兴趣的、做得最好的岗位，也有助于公司在各个岗位都能有最适合、最高效的人才。

让公司发挥出最大效能的方式，就是让每一个岗位的工作都由正确的人选来负责。员工的知识、技能、性格乃至兴趣，都是影响他在岗位上能发挥多少能力和潜力的因素，而很多因素，是人力资源部门在简历上及面试中难以发现和确认的。还有许多员工，他们对自身的能力和特长评估不正确，也不知道自己真正感兴趣的是什么工作，当初应聘某职位时更多的是一种“无奈”的选择。

公司应当制定岗位轮换制度，主动给员工提供尝试不同岗位的机会，让员工找到自己真正擅长和感兴趣的岗位，公司管理者也可以根据换岗后员工的工作效率对员工的能力做出新的评估，优化公司的人力资源配置。

岗位轮换制度不能恣意而为，要对岗位任职资格标准进行严格的把控。对于一些需要明确任职资格及技能证书的岗位，一定要确保进行轮换的员工也拥有相应的资质，否则坚决不能进行岗位轮换。如果因为缺乏相关工作资质而在工作中发生了重大失误，引发了重大问题，对公司、对员工个人都是极大的伤害。

岗位轮换制度要规定好轮换的时间，以及轮换后岗位的工作安排，使员工在轮换岗位后能快速适应并开展新的工作，不影响公司正常的业务运营。同时，要密切关注每一位员工在岗位轮换之后的具体工作表现和工作效果，对于无法适应新岗位的员工要及时调整，将其调回到原有岗位。

公司的规模扩大，部门增多后，部门与部门之间极易形成壁垒。一个部门内的员工形成一个小团体，在工作中完全以自己的部门为中心，而不去思考其他部门的感受。当工作中遇到问题时，总是本能地将责任推卸给其他部门。

公司内部经常会听到类似的抱怨，“××部门完全不配合我们的工作，任务没有按时完成他们应当负主要责任”，“我们部门的工作那么忙，××部门那么闲，请他们帮忙办事时还总是没有好脸色，这些本来就应该是他们的本职工作”，“我们部门已经尽自己所能做到最好了，业务出现问题是因为其他部门没有配合好我们的工作”。

诸如以上的抱怨，非但不能帮助公司业务顺利开展，反而会加深部门之间的隔阂与偏见，不利于建设和睦团结的公司内部环境。

要从根本上消除员工之间、部门之间的意见与偏见，换位思考是最好的方法。对于提出意见的部门，可以让该部门的员工与相应部门的员工进行短期的岗位交换，让他们相互体验对方的工作特点和工作难处。让换岗后的员工用他们原先希望的方式来做新的工作，看看是否可行，是否如他们之前想象的效果一样好。

短期的岗位交换绝非为了给对方部门“挑刺”，而是要通过体验上下游的业务环节来相互寻找更好的工作方法和态度，保证业务高效开展才是根本目的。

要让每一位换岗的员工思考，等我之后再回到原来的部门，我将如何配合他们开展工作？要求每一位换岗的员工在回到原来的部门后都要拿出改进工作的具体方案措施。再让换岗的部门间举行会议，相互展示各自的工作改进方案，建立更好的沟通配合模式，打破部门间的壁垒，建设无边界的公司环境。

岗位轮换制度，对公司内部的管理提出了更高的要求，为了使在岗位轮换的同时不降低企业的效率，需要全面的筹划和不断地实践模拟。但是，一旦制定出完善的岗位轮换制度，这种体验式培训是让员工进行业务培训，感受公司文化的最佳方式。

分享时刻

互动——开展主题培训。

实践——结合主题内容、培训时间、参加人员，与培训工作负责人及相关部门共同制订出多套不同方式的培训计划。

讨论——你认为哪套培训计划更适合公司？为什么？

第十三章

考核的结果——完成员工的“蜕变”

加强对员工的培养，是让员工成长，让公司进步的重要方式。但无论是何种形式的培养，都要以考核作为保障。考核是对员工的督促，也是公司对员工工作现状进行掌握和评估的手段。考核的结果就是将对员工的培养真正地作用到员工中，作用到公司中，让员工“破茧成蝶”。

用商人的思想去经营团队

公司的成功不是依靠个人的力量，而是依靠团队的力量。一个伟大的公司背后，必然有一个或一批伟大的团队。无论聚集了多少人才，如果不能将他们凝聚为一个团队，那么就无法发挥他们最大的能力。

公司管理者在经营团队时，一定要用商人的思想，而不是用江湖的思想。商人的思想就是优胜劣汰，只谈成绩不谈感情；而江湖的思想就是重情亘义，保护弱者。想要在竞争日益激烈的商业战场上存活，就要有铁一般的意志和纪律，一时的“妇人之仁”可能会使整个团队，整个公司都陷入万劫不复的危难之中。

在公司管理中，虽然要注重对员工情感的关怀，利益的保护，但是这些不能成为容忍落后，保护弱者的理由。只有积极向上，争取进步的员工，才有资格获得公司各方面的关照。使公司不断发展壮大才是员工共同的理想和使命，只有公司强大了，员工的利益才能得到保障。公司没有时间和余力去容忍无法跟上公司发展速度的弱者，如果保护了弱者，便是对其他员工，对公司全体不负责任的行为。

“微笑曲线理论”是由宏碁集团的创办人施振荣先生在1992年提出的。他认为现代电脑行业有一个基本规律：电脑产业中设计、芯片生产和基础软件是利润高的部分，应用和系统集成也是利润高的部分，而组装整机的环节附加值最低，形成一条向上弯曲的曲线，形象地称为“微笑曲线”。

根据“微笑曲线理论”，公司应当时刻对行业内各个环节的附加值高低进行调研，适时地调整公司的产品和经营战略。公司要将资金、人力、技术优先投入到高附加值的环节中去，对于技术含量低、附加值低的环节，可以选择外包给其他公司完成，来保证公司在获取高利润的同时保持竞争力。

如今，“微笑曲线理论”的概念不断扩大，已不再局限于电脑行业，在其他行业、其他领域也都有广泛的应用。

在团队经营上，同样可以采用“微笑曲线理论”。只要有团队，就必定会有好、中、差。任何管理者都不能保证在最初构建的团队中都是最优秀的人才，能够形成最好的默契。即使最初的团队很优秀，随着公司业务的进展，要求的提高，团队内成员也不可能保持完全一致的成长速度，能力会逐渐显出差距，将会有一些成员无法跟上团队的前进脚步。

想在人才方面投入少、见效快、回报高，让团队更有竞争力，就要按照“微笑曲线理论”，鼓励先进，打击落后。“好钢用在刀刃上”，公司要将时间和资源，将培养的重点集中在有能力或是有潜力的员工身上，优先促成这两类员工的成长和进步。对于既没能力也没潜力的员工，设置一定的考察期，在考察期内没能跟随团队的脚步完成规定指标的，要毫不犹豫地逐出团队。

用商人的思想经营团队，也是自由竞争、公平竞争的体现。多劳多得，少劳少得，论功行赏。公司是奋斗者的战场，而不是落后者的温床。对弱者过度保护，或是对弱者和强者采用同一标准，无疑会打击团队的积极性。既然干多干少，干好干差都是一样的结果，又有谁愿意去努力奋斗，争取进步呢？

分享时刻

互动——树立正确的团队经营思想。

思考——你在管理公司团队时是否出现过感性压过理性的时刻？

是否有“于心不忍”或“一时冲动”的情况出现?

讨论——如何制定规则严明的团队经营与成员淘汰体系?

用机制淘汰落后，而不是用权力淘汰落后

“人管人，累死人”。职场上的恩恩怨怨，员工之间的不和、猜疑、指责，大多都是不公平的管理体系导致的。尤其对于一些中小型公司或是家族企业，个人掌管了绝大的权力，熟人之间也极易形成派系，成为矛盾与纷争的根源。

个人的情感和立场会导致人们无法对事实真相做出理性的评价和判断，即使是注重公平、按规办事的人，也会受到情感和传统经验的误导，做出错误的判断。

在人员任用上完全依赖于权力管理和情感管理，无法建立起良性的人才体系，也会滋生公司内部的官僚作风。员工的提拔与淘汰，不看员工个人的能力和成绩，而是凭管理者的一己之念，所有人都想着溜须拍马，在领导面前表现自己，又怎么会有精力和动力去提升、去进步呢?最终的结果，只会是走了“人才”留了“奴才”，所有员工都对领导唯唯诺诺，丝毫没有自己的主见，没有创新的意愿和能力，这样的公司又怎么能够长久呢?

公司领导人要在公司内部建立“能者上，平者让，庸者下”的用人机制，将无法胜任工作，不能满足公司需求的人淘汰下来，提拔有能力、有激情，对公司未来发展有益的人才。

对员工进行考核，要以客户价值和公司利益为根本出发点，以绩效考核结果为主要依据，来评判应该重用谁，应该淘汰谁，而不是凭借权力者个人的情感和喜好。只有建立在客户价值和公司利益面前“六亲不认”的

文化与机制，才可能摆脱非商业的情感束缚。

伯肯斯托克是IBM“未来需求部”的负责人，而且是去世的IBM二把手柯克的好友。但是柯克与公司新任总裁小沃森是对头，伯肯斯托克认为新任总裁一定会找机会另他难堪，于是破罐破摔，准备辞职。

小沃森虽然不喜欢伯肯斯托克桀骜不驯的性格，但是他认为伯肯斯托克很有能力，而且精明，公司未来的发展必定离不开他。于是小沃森对他说：“你如果认为我不公平，你可以随时选择离开，否则，你就应该留下来，因为这里有很多机遇。”将伯肯斯托克竭力挽留下来，并且委以重任。后来，小沃森和伯肯斯托克力排众议，携手撑起了IBM的计算机产业，使公司免于灭顶之灾，走向了更辉煌的成功。

小沃森在回忆录中写道：“我总是毫不犹豫地提拔我不喜欢的员工，只要他们精明能干，对你推心置腹。那种讨人喜欢的助手，喜欢与你一道外出钓鱼的好友，则是管理中的陷阱。”

公司领导人要学会提拔自己不喜欢但是有才干的人，也要学会淘汰自己喜欢但是没有才干的人。在人员的任用上要严格按照公司的用人机制，不要让个人的权力凌驾于机制之上。对待每一位员工都要坚持平等公正的原则，对事不对人，不能以员工以往的表现来对其现在的状况做出评价。优秀的员工做错了事情也要罚，平庸的员工做出了成绩也要奖。

公司要根据当年的战略计划制定总体的业务目标，然后将业务目标具体到每个部门，每位员工，在固定的工作周期内对员工绩效进行考核，考察员工的工作进度、工作效果，并做好详细的记录。对于表现优异，超额完成任务的员工，可以给予升职加薪的奖励。对于没能完成任务，无法跟随整个团队步伐的员工，要扣除绩效工资，对于长期无法进步的员工则要从团队中剔除。

分享时刻

互动——强化机制，弱化权力。

讨论——公司目前是采用何种方式提拔或淘汰员工的？

是依靠严格的制度，还是领导人的一己之念？

方式——公司想要始终能够选择正确的人才，就要依靠客观的数据评估，而不是个人的主观判断。在员工的任用与淘汰上，要用科学健全的用人机制进行评定，权力不能影响结果，只是作为最终的执行工具。

人为制造危机

“生于忧患，死于安乐”，危机意识和生存意识是促使个人与团队进化的最好催化剂。只有竞争，才能使人不断强大；只有危机，才能使团队永葆活力。对于团队的管理，就是要让团队中的每个人都具备忧患意识，有危机就放大危机，没有危机就制造危机。

挪威人爱吃沙丁鱼，尤其是活鱼，他们在海上捕得沙丁鱼后，如果能让其活着抵港，卖价就会比死鱼高好几倍。但是，由于沙丁鱼生性懒惰，不爱运动，返航的路途又很长，因此捕捞到的沙丁鱼往往一回到码头就死了，即使有些活的，也是奄奄一息。

只有一位渔民的沙丁鱼总是活的，而且很生猛，所以他赚的钱也比别人的多。该渔民严守成功秘密，直到他死后，人们才打开他的鱼槽，发现只不过是多了一条鲶鱼。鲶鱼以沙丁鱼为主要食物，装入鱼槽后，由于环境陌生，就会四处游动，而沙丁鱼在察觉危机后，也会紧张起来，加速游动，四处躲避，于是全部活蹦乱跳地回到了码头。这便是著名的“鲶鱼效应”。

“鲶鱼效应”如今已广泛应用于公司管理中，是领导层激发员工活力和上进心的有效措施之一。“鲶鱼效应”的运用，就是通过引入公司外部的高能力人才，或是打造全新的竞争环境，对公司现有员工起到刺激作用，将“昏昏欲睡”的团队“唤醒”，是一种合理的人才管理运行机制。

分享时刻

互动——寻找公司内部是否存在“原地踏步”现象。

讨论——目前的公司团队是否缺乏危机感，缺乏上进心？是否满足现状、故步自封？

员工的成长停滞给公司战斗力带来多大的削弱？

是否要立即引入竞争要素，提升员工的危机感？

在企业内部制造危机，可以从三个方面着手进行。

1. 引入思想先进、能力过硬的年轻人才

公司要适时地补充新鲜血液，将年轻的生力军引入到员工队伍甚至是管理层中，给那些故步自封、因循守旧的懒散老员工们带来竞争压力，唤醒他们的生存意识和求胜心。

人们进行工作不仅仅是为了得到物质的满足，更多的是为了尊严，为了内心的满足。面对新员工带来的竞争压力，老员工们并不只是担心自己的职位和饭碗，同时还会为了证明自己的能力而再次努力工作，以免被刚来的新员工在业绩上超过自己，让自己颜面无光。

2. 引进新技术、新设备、新管理理念

公司要紧跟行业和市场进步的步伐，不断地进行技术革新、设备革新、管理革新，让公司始终保持强大的竞争力。

引入新技术、新设备、新管理不仅是增强公司生存能力和适应能力的必要方式，也是为刺激公司各层员工不断学习深造提供客观环境。员工如果不想被公司抛离，就要保持思想的活力与进步，不断学习新的知识、新的技能，将自己提高到新的层次。

3. 对一些管理岗位采取竞聘制

对员工的提拔，对管理人员的任命，不能只看资历，而是要看能力，看业绩。不能让公司内部员工抱着“多年的媳妇熬成婆”的想法，职位的晋升不是通过虚度时间等来的，而是要凭自己的奋斗争取来的。

让符合条件的员工自愿报名，自由竞争管理岗位，然后由公司上层领导统一考核、面试、评比，给最终胜出的员工安排一定期限的试用考察期，在试用期内能顺利开展工作，符合公司要求的再最终予以聘用。

危机管理可以提升团队的战斗力，但如果应用不当，也会毁掉团队的战斗力。公司管理者在危机管理的应用上经常会犯两种错误：一种是在团队状态很好的情况下便开始制造危机，让员工认为公司对他们失去了信心，打击了团队的积极性，也降低了员工对公司的认同感；另一种是同时制造了过多的危机，刺激过度，引发了员工的恐慌，使员工猜疑增加、戒心增加，不利于整体工作的展开，对良好的公司文化造成破坏。

危机管理的运用要把握好三个前提：一是团队环境和工作内容已经长时间没有变化，比如团队的成员长期以来没有丝毫变动，团队成员的待遇、职位许久没有调整；二是缺乏活力与上进心的员工数量大幅增加，并且已经明显影响到公司目标和战略的实现；三是危机的制造要适量适度，以免引发团队的波动。

无论公司的经营状况好与坏，公司上下都要时刻保持全民危机的思想状态。尤其在公司发展状况良好的时候，更是要居安思危，很多公司不是在逆境中被击垮的，而是在顺境中慢性死亡的。但是，全民危机不是让公司上下草木皆兵，面对危机失去信心，自暴自弃，而是要让员工发现危机，战胜危机，这才是公司前进的动力。

分享时刻

互动——选择时机，制造危机。

方式——通过引入新人才、新技术、新设备改变公司环境，改变工作方式，“逼迫”员工学习提升。通过竞争上岗的制度，加强公司内部竞争，使管理层和高级技术人员不能再“稳坐钓鱼台”。

讨论——目前公司战斗力是否有所下降？

是否是由于员工普遍缺乏上进心和奋斗精神引起的？

是否到了必须制造危机的时刻？

哪些危机管理方案适合本公司，具备可操作性和有效性？

解决公司中的元老现象

元老现象是指公司创业初期的老员工，无法适应公司的发展理念和发展速度，从而制约、阻碍公司发展的行为和现象。元老现象经常出现在公司从创业转向守业的过程中，是公司、公司老板或管理者最头疼的问题。

元老的特殊性，就在于他们在一个特殊的时期进入了公司，无论是有功劳还是有苦劳，无论功劳是大是小，公司都是由于他们的努力才得以建立发展起来的。

解决元老现象，最难过的就是公司老板的“感情关”。白手起家的创业老板，最能体会创业时的艰辛与痛苦。没有名气，薪酬不高，看不清未来，在这种环境下愿意坚持下来的员工，对于老板来说，就是出生入死的战友，觉着始终欠他们一份人情，没有他们就没有自己现在的成就。

由于我国独特的文化氛围影响，容易对人性进行扩大性解读。如果为了公司的利益就毫不留情地处置创业元老，难免会被别人批评为忘恩负义，卸磨杀驴。舆论的压力，也是公司老板不敢轻易解决元老现象的原因之一。

公司元老无论能力高低，都是对公司各方面状况最清楚的人，也是在公司内部经验最丰富的人，他们大多身居要职，对于公司的运营至关重要。如果在没有预备好相应人才的情况下就贸然卸下元老们的职权，必定会影响公司的正常运营，削弱公司的战斗力。

沈阳飞龙集团在1990年刚成立时，只是个注册资金75万元的小公司，主要从事保健品行业，但在创始人姜伟的带领下，公司在1994年便实现了2亿元的利润！但是好景不长，随着市场竞争的不断加剧，姜伟在1996年宣布飞龙集团进行全面休整。飞龙集团的急速坠落，公司内部的元老问题是重要原因之一。

当初跟随姜伟创业的共有八个人，飞龙的员工将他们称为“老红军”。姜伟本人也戏称他们为“八大不杀之人”，意思是无论什么情况下，公司都不会将他们开除。尽管只是一句玩笑话，但由于出自领军人物之口，元老们和员工们都信以为真。逐渐地，元老们成为了不受公司制度约束的特殊人物。更有一些人靠着自己的老资格，以功臣自居，到处拉帮结派，结党营私，给公司的发展造成了严重的损害。

虽然后来姜伟发现问题后砸碎了“免死金牌”，将涉事的元老们全部开除，但他们对公司经营造成的负面影响已难以挽回，由此飞龙集团元气大伤。

元老现象对于公司的影响主要表现在两个方面：一是倚老卖老，不思进取，文化与业务能力已经跟不上公司的发展要求；二是依仗功劳，凌驾于公司制度和原则之上，公然破坏公司制度和文化，给员工带来恶劣影响。

对于跟不上公司发展要求的元老，解决方式是与其商定“退出计划”，主动让贤，薪酬待遇上予以保障，但在权力和职务上要在规定时间内慢慢移交并退出。在权力移交的过程中，要全心全意地协助信任，心甘情愿地担当下属，不能带着情绪故意刁难新人。如果不同意或做不到，公司便可以考虑将其辞退。

对于公然破坏公司制度和文化的元老，要对其进行严厉的批评教育，基于公司创办的理念和文化，与其做开放式的交谈，要求其不得触犯公司的价值观、原则与制度。如果元老能知错就改，努力挽回之前对公司造成的负面影响，仍可以继续重用。但如果元老仍旧飞扬跋扈，明知故犯，要坚决予以辞退，以免对公司造成更大的破坏。

分享时刻

互动——寻找公司内部“病原体”。

讨论——公司内部是否有“元老现象”？具体表现在哪些方面？给公司造成了哪些负面影响？

合理利用能人体系

“千军易得，一将难求”。公司的发展固然需要全体员工的共同努力，但是也需要极个别能力突出的人才的引导。当公司发展陷入瓶颈时，仅仅依靠员工共同的努力往往无法打破僵局，这时就需要重用能力突出的人才，为公司发展带来契机。

公司领导人要擅用能人，但不能滥用能人。即使是优秀的能人，也不

可能样样精通，他们擅长的，也许只是一两种领域。最常见的，一些公司内的精英业务员、销售人员等在自己岗位工作时成绩斐然，远远强于他人，为公司带来极大的利益。于是公司提拔其为团队经理，让其负责管理团队。但结果却是，团队管理混乱，团队能力不升反降。

能人自己做业务时很优秀，但是带领团队的能力未必同样优秀，业务和管理是两种完全不同的领域。对于不擅长带团队的能人，就暂且不要让他进入管理层，而是让他继续留在优秀员工的位置上，作为模范代表。而且要让他继续保持工作精神，乐于分享经验，支持上司工作，等其具备管理能力后再予以提拔。

还有一些能人，恃才傲物，认为公司的发展离不开自己，便特立独行，藐视公司的规章制度，这种行为是对团队、对公司最大的破坏。面对这种现象，要严厉地批评警告，对于不听劝诫的坚决辞退，不能一味地姑息放任，助长不良风气的形成。

公司在发展过程中，不能过于依赖公司内部现有的能人，要时刻培养新的人才，培养岗位接班人。这样，在能人犯错时，在能人离开后，才能有后备人才及时进行补充，避免能人的离开对公司运营造成阻碍。

伊藤洋货最初只进行衣料买卖，后来便将公司业务拓展到食品行业，苦于公司内部没有食品管理方面的专业人才，业务迟迟没能有效开展，于是创始人伊藤雅俊艰难地从东食公司挖来岸信一雄。岸信一雄来到后，凭借自己的能力和经验对食品部门进行整顿，十年间使公司的业绩提升了数十倍，可谓功勋卓绝。

但是岸信一雄从一开始就不认同公司的文化和理念，有了业绩和功劳的保障后，就越发肆无忌惮，公然藐视公司制度，对公司推行的改革措施更是持敌对态度。他不仅不再提升自己，关注公司的效益，还对勤奋敬业的下属冷眼相待，嘲笑他们只会蛮干傻干，做多少年也无法获得成功。在他的恶劣影响下，整个部门士气低落，工作效率直线下降。

董事长伊藤雅俊屡次对其进行批评教育，但岸信一雄非但不改反而变本加厉，无奈之下，公司只得决定将他辞退。公司的这一决定引起轩然大波，许多人认为虽然岸信一雄做事蛮横，但是对公司的功劳和贡献不可磨灭，将他辞退太不公平。

面对多方的质疑，伊藤雅俊坚定地说：“秩序和纪律是我们公司的生命，我们不能因他一个人而影响整个公司的战斗力！”

公司的领导者不仅要知人善任，还要知人善免。对于不服管教，公然挑战公司制度，破坏公司内部团结的员工，无论他多有能力，有多大功劳，都应当机立断，该罢免就罢免，该解雇就解雇，不能因个人的原因而影响团队和公司的进步与发展。

总裁在带领团队时，要坚持商业原则和公司原则。总裁与团队成员之间要保持必要的距离，不做江湖朋友，更不做患难兄弟，只是为共同目标奋斗的合作关系。赏优惩劣，任何人都不例外，不能让私人关系影响了理性的决断，团队内需要的永远是愿意实现公司愿景的，有能力的人才。

对于元老和能人，也要严格按照公司的制度进行管理。总裁要有“从头再来”的气魄和精神，不要一味地担忧能人离开会对公司造成伤害，大不了重新来过。坚持公司的原则，员工自然会敬佩你的决断。只要能建立公平的竞争机制和良好的成长环境，自然会有更多优秀的人才加入公司，共同奋斗。如果能人一走公司就垮了，这样的公司也注定不会长久。一家公司不会因为少数的能人存在就屹立不倒，只会因为严明的制度，健全的机制而长久繁荣。

分享时刻

互动——如何处理“元老现象”和“能人体系”？

方式——召集主要管理层人员分小组就解决公司内部“元老现象”和“能人体系”开展会议讨论，提出好方法、好建议，讨论完毕后每组派出一位代表发表小组观点，总裁对每组观点做出点评，秘书做好详细记录，将所有观点汇总整理。

讨论——哪些方法建议更具备可操作性，更符合公司现状，能够有效处理公司内部的“元老现象”和“能人体系”？

第十四章

个人战略目的——员工与企业实现“共生”

企业价值要如何实现？只有实现了客户价值，才能实现企业价值。企业战略要如何实现？只有实现了员工的个人战略，才能实现企业战略。企业，其实就是这么一种通过服务他人从而成就自身的组织。企业与员工之间，不仅仅是利益共同体，而是一种更为密切的共生关系。员工脱离了企业，就失去了生存的保障，失去了发展的环境；企业脱离了员工，就失去了前进的动力，失去了运转的基础。帮助企业员工制定战略，实现战略，是战略人力资源的重要目标。

塑造成功，才能实现成功

“不想当将军的士兵，不是好士兵”。人生中最可怕的事情不是不敢去做，而是不敢去想。没能实现成功的最主要原因，不是没有能力，而是没有计划。

你未来会成为什么样的人，取决于你现在的选择。要敢于想象自己的未来，如果你只能想象出自己一事无成的样子，那么最终的结果很有可能就是一事无成。先去塑造成功，才能为人生道路指明前进方向，进而一步步开辟前进道路，最终实现成功。

李舜在高中毕业后便进入社会，投入工作之中，他一直在一家大企业的总部中担当接待员。虽然薪水微薄，地位低下，但李舜觉得还算安稳，因此也没有什么不满。另外，考虑到自己学历低，而且也没有任何特长或擅长的技能，除了开朗的性格外就再没有任何优势可言，李舜也便不敢有任何奢望，满足于现状。

有一次，公司上层的一个经理注意到了李舜，觉着这个小伙子做事踏实勤恳，但为何做了这么久职位还没有任何变化？于是这名经理主动找李舜谈心，李舜也向经理透露了自己的条件不是很好，因此不敢想能够升迁。经理开导他说，任何时候学习都不晚，学历不能决定人生，只有个人战略才能影响人生。

李舜被说动了，于是他利用业余时间参加电脑培训班，学习了电脑知识，并争取到了公司开票员的岗位。这次成功给李舜注入了强大的自信，于是他制定了详细的职业规划，并通过努力一步步地去实现，最终做到了管理层的一名经理。

任何企业都会有这样的员工，他们或者处于迷惘期，不知道自己将来想做什么，没有明确的目标和理想，或者是认为自己条件差，缺乏自信，便放弃了制定个人战略。这些想法都会使他们离成功越来越远，而离失败越来越近。作为企业的管理者，就要让这些员工认清自己，认识到自己的特长和可能性，引导他们到正确的岗位，规划好自己的职业生涯，并时刻提供支持和帮助，这往往可以改变他们的人生。

获得成功绝非易事，但往往也不会像你想象中那么困难。个人战略的规划不要好高骛远，而是要贴近自己目前的现实，制定尽可能具体、有可行性的战略。你可以树立远大的梦想，但梦想并不是战略，制定战略就是为了能切实地实现。要不畏艰辛，坚定意志，不断调整，把个人战略同个人梦想联系起来，阶段性地实现自己的目标，这才是实际可行的个人战略规划。

马云在创建阿里巴巴电子商务平台的最初几年，公司没有任何赢利，始终处于亏损状态，马云本人也面临着巨大的压力。面对一个不断亏损完全找不到赢利手段的公司，大多数人也许会就此放弃，认为自己的想法错了，战略错了。但是马云没有放弃，他始终相信电子商务的前景，相信自己的战略，公司的前进方向没有问题，于是他四处筹资，为公司提供支持。最终的结果，正如大家所知道的，他成为了电子商务界的“大佬”。

个人战略的制定要贴合自己的能力，贴合自己的环境，由近及远地去实现。如果将远期理想当作近期目标，不光个人战略实现困难重重，甚至会难以实现。要坚持自己的个人战略，但不是盲目自信，而是要有充分的理由与依据证明自己的个人战略是可行的，是可实现的。如果个人战略的制定不符合自己的性格和特长，也会使个人战略的实现走上许多弯路。有理想很重要，但是不要完全着眼于理想而忽略了现实，要在踏实工作的同时不断积累知识和经验，在时机成熟后再果断出手，这样才能让梦想成为

现实，而不是变为虚幻的梦。

分享时刻

互动——传递榜样力量。

方式——收集名人的成功案例，以及企业内部曾经的个人战略实现案例，召开员工会议向员工进行宣讲介绍，让员工了解订立目标的重要性。

讨论——哪些成功案例更适合企业现状?

哪些成功案例更容易让员工理解接受?

用哪种方式传递榜样力量更容易调动员工的奋斗激情?

破矛盾而立标准，有放弃才能有专注

个人战略的制定与实现，要靠员工个人的努力奋斗，也离不开企业的支持和帮助。

企业帮助员工做个人战略的核心思想是让员工获得绝对成长。

许多企业，只关注企业内部的竞争，只在企业内部设立评比标准。比如，发表这个月谁的业绩最好，谁的业绩最差等。这种方式只能让员工获得相对成长。过于强调内部竞争也是导致员工不合、沟通不畅、执行不力等现象的因素之一。

要使员工获得绝对成长，就要和企业外部竞争，和行业内顶尖的企业做对比。企业发展的目的是要强过竞争对手，是要让全体员工的能力高于对手，而不是在企业内部将员工分为三六九等。

企业帮助员工做个人战略的意义在于让员工获得内心的安宁。

在工业时代，企业的员工很少会跳槽，因为那时的工作机会并不像现在那么好获得，人们的需求也不像如今这样多样化、复杂化。在如今，离职与跳槽已变为再平常不过的事情，许多企业的员工都是换了一批又一批。

现代人为什么浮躁，为什么难受，为什么做事没有耐心？就是因为没有战略的支持和指引。看到别人取得了某些成就，就眼红，失去耐性，认为自己现在做的工作毫无前途，永远也不可能获得成功。

有了个人战略的员工，在看到他人获利后，看到他人成功后，不会羡慕，不会焦躁。别人的成功是别人的事，我有自己的发展战略，我在切实履行属于我的发展计划，只要我不断坚持下去，就能获得我想要的成功。

实现个人战略，就是依照严格的标准不断击破矛盾的过程。首先弄清楚自己当前的战略目标是什么，阻碍自己实现目标的最主要矛盾是什么，是知识和能力的不足，还是业绩不够优异？发现矛盾就要解决矛盾，以企业的文化为基础，制订具体的学习计划，严格的行动措施，解决矛盾，达成企业的标准。始终保持这种状态，不断地击破矛盾，订立新的标准，就能够取得最终的成功。

实现个人战略，要学会放弃，始终保持专注，遇到挫折也不打退堂鼓。

个人的时间和能力是有限的，实现成功的最好方式就是集中力量于一件事情上。也许你有许多想要做的事，在个人战略规划中，觉着这也不错，那也不错，什么都去尝试一下，最终的结果很有可能是一事无成。人应当学会放弃，放弃不是退缩，是为了坚持自己真正的目标。抛弃杂念，始终为了唯一的战略目标而努力，才能够保持专注，才能够成功。

“谋事在人，成事在天”，想要获得成功，需要99%的努力和1%的运气。运气是成功的必要因素，许多事情的失败，都是因为缺乏了那么一丁点的运气。但是这不能成为你不努力的理由。即使你这次仅仅因为缺乏一点运气而失败了，但你付出的努力不会白费，它会帮助你成就下一次的成

功。但如果你没有努力，即使等来了那1%的运气，也只能眼睁睁地看着它成为别人手中的机遇。

即使是世界上各个领域中最伟大的人，也不是一帆风顺，只经历成功没经历过失败的人，也会有运气不好的时候，也会有决策失误的时候。但他们始终坚持着自己的战略，始终孜孜不倦地努力着，因此，尽管他们经历了阶段性的失败，但是无碍于他们取得最终的成功。

分享时刻

互动——树立正确的战略实现理念。

要求——不再三心二意，专注唯一目标，解决主要矛盾，制定成长标准。

方式——帮助员工制定唯一的目标，同企业外部竞争对手做对比，让员工始终专注于自身的成长。向员工展示实现目标的执行标准和执行方式，让员工集中精力优先提高关键能力，弥补主要不足。

个人战略与企业战略的关系

一个人没有战略，就没有追求，没有动力。如果一家企业的员工都没有战略，那么这家企业也没有任何战略可言。

个人战略是企业战略的起点，也是企业战略的细分。如果员工不能对自己负责，那就更不可能对企业负责，没有个人的成长就没有企业的成长。员工个人战略的制定是围绕企业战略而制定，按照企业的发展需求，将企业战略不断分解，划分到每个部门、每位员工身上，就成为了个人战略的雏形。如果每位员工的个人战略都能够实现，企业的战略也一定能完美实现。

企业战略的实现同时也为员工个人战略的实现提供了更好的环境和机遇。企业战略的实现，意味着企业在向着预想中的良性方向发展，企业的规模、资金实力、技术实力都能够不断地增长。企业不断壮大，就有余力为员工提供更好的待遇，提供更多样化的福利，提供专业的培训，提供更优良的学习环境，这些都有利于员工个人战略的稳固快速地实现。

壳牌公司是世界规模最大的跨国石油公司，自 1907 年成立以来已经经历了 100 多年的风风雨雨，至今仍保持着强大的竞争力。壳牌公司能在长达一个多世纪的时间内不断实现着企业战略，就是因为其始终关注员工的个人战略。

壳牌制订了一个为期三年的“发展计划”，在员工进入公司前三年，公司会帮助其制定个人战略，尽可能提供各方面的支持加快个人发展。在“发展计划”里公司会为员工制定技能提高的目标，并定期检查，进行督促指导。当个人发展需要公司帮助时，可随时向公司申请。公司鼓励个人发展，并且结合公司的需要，给员工提供更多的职位锻炼机会。公司看重员工的职业教育，积极提供有针对性的培训、跨部门项目等机会。

多年来，壳牌帮助大批员工实现了自己的个人战略，培养出了一批符合公司发展要求的优秀人才，而这些人才，最终成为了实现企业战略的推动力。

作为企业的领导者，不能只将员工培养成企业的追随者，让员工完完全全只为企业的利益而工作，这样是无法培育出真正对企业发展有益的人才的，只会让员工成为盲目听从、盲目执行的机器。

帮助员工制定和实现个人战略，不仅能使员工的能力得到大幅度的提升，而且能提升员工对企业的认同感和忠诚心，让企业上下更加稳定，更

加团结，更加强大。只有这样，才能使企业飞速的发展，让你的竞争对手们望尘莫及。

分享时刻

互动——企业目前的战略是什么?

讨论——各个部门如何围绕企业的当前战略为每一位员工制定个人战略?

提示——召开企业各个部门管理层的全体会议，明确企业当前战略，明确各个部门的具体业务发展目标，为达成目标需要如何执行，制订具体的计划，计划的实施需要具备何种能力的员工，根据计划需要结合员工的兴趣、特长，与员工共同制定个人战略。

个人战略——构思一次战略愿景

个人战略的实现，需要企业建立健全的机制，营造良好的环境。企业内部的培训体系，绩效考核体系，职位晋升体系，都是员工个人战略规划的支持力量。

在员工刚刚进入企业时，人力资源部门就要同新员工进行交流，询问他们的愿景，询问他们希望在企业内达到的高度。并根据新员工目前的个人能力，结合企业的环境和战略目标，帮助他们制定切实可行的、符合企业需求的个人战略。

个人战略目标主要划分为两年的近期目标和五年的远期目标，人力资源部门要根据企业的要求、具体职位的要求，向员工说明需要达成的标准，具体需要学习哪些知识和技能，需要达成哪些成绩，以及有哪些可以借鉴学习的榜样力量。帮助员工设计具体的学习计划、执行计划，并且定期检查监督员工的个人战略进展状况，有哪些部分做得好，又有哪些部分做得不好，进行鼓励或是提出改进意见。

个人战略，是对员工的督促。个人战略可以不断地提醒员工坚持自己的理想，坚持前进的大方向，为员工的工作和学习提供强大的精神动力。

个人战略，是员工思想的引导者。个人战略让员工始终明确和坚守正确的价值观，在人生道路上不至于走弯路、走错路，保持健康的心态，乐观的精神。

个人战略，是员工前进道路上的指南针。个人战略为员工提供了各个阶段的具体目标以及其实现标准，员工可以随时将自己现在的能力同标准做对比，寻找自己现在和目标之间的差距，具体不足之处在哪些方面，制订专门的强化训练或修正计划，帮助自己实现战略目标。

重视员工个人战略的制定与实现，有利于员工潜力的发挥，有利于员工物质和精神需求的满足。同时帮助企业实现合理的人力资源配置，实现人尽其才、才尽其用，保障企业持续稳定地发展，让双方实现共生共赢。

分享时刻

互动——帮助员工完成一次战略思考。

要求——为每位员工发放个人战略规划表，指导员工填写表中的内容，并制定检查表，每一个季度都检查一次员工的战略执行情况。

助 力 企 业 成 长

中国财富出版社*
北京联大文化 联合出品

作　者： 孙军正　王乐平　　**定　价：** 35.00 元

出版社： 中国财富出版社

《文化与人才突破》内容简介

在信息时代的商业竞争中，一家成功的企业不仅需要优秀的产品和强大的品牌作为保障，还需要自身独特的文化烙印；在创新成为主旋律的今天，人才是创新的源泉，企业发展需要一大批优秀的人才。本书围绕文化突破与人才突破两个部分，着重阐述了缔造企业文化的方法，以及如何构建企业现代战略人力资源管理系统，为企业发展提供人才支持。

作　者： 孙军正　刘明勇　　**定　价：** 35.00 元

出版社： 中国财富出版社

《战略与运营突破》内容简介

本书分为战略突破和运营突破两个部分，在战略突破这部分，着重阐述了战略对于现代企业的重要性，以及企业如何才能够获得战略性的成功；在运营突破这部分，着重介绍了5I运营管理机制模式。希望这本书能够帮助企业突破自身的局限性，进入到更广阔的发展空间里。也希望这本书能够帮助个人，突破自我，在企业中获得更多更好的发展机遇。

作　者： 曾文　　**定　价：** 35.00 元

出版社： 中国财富出版社

《像恋爱一样去工作》内容简介

本书从"和工作谈恋爱"的思路出发，为了帮助职场达人更好地建立"和工作谈恋爱"的工作思维，作者给出了明确职场工作意义、全身心投入工作、树立高目标、坚持带来力量、让自己更优秀、不断进行创新等相关方法。全书内容深入浅出，行文严谨而不失幽默，用翔实的案例、准确的逻辑和清晰的语言，为职场人摆脱工作倦怠、打造良好工作氛围设计和规划出一条行得通的道路。

*注：中国物资出版社已于 2012 年 4 月 1 日起正式使用新社名"中国财富出版社"。

QIYE CHENGZHANGLI SHUJIA
企业成长力书架
助 力 企 业 成 长

中国财富出版社
北京联大文化 联合出品

作　者：李锋　葛静　　**定　价：**39.80 元

出版社：中国财富出版社

《炒店：7 步实现门店网点人流量激增、销量翻番》内容简介

本书致力于用平实的语言、贴近生活的案例、详细的步骤描述来展现炒店的整体面貌。不去过多地讲解理论，而是注重实际的可操作性、可应用性，尽可能讲述全面具体的执行方案、执行方法，让你阅读完本书后能够策划出一套属于自己的、适合自己店铺的炒店方案。

作　者：陈明亮

定　价：39.80 元

出版社：中国财富出版社

《怎么做，别人才追随》内容简介

追随力是领导力的重要组成部分。追随力看似抽象，无从把握和建立，但是经过仔细地研究和学习，追随力其实也是有迹可循的。本书作者有着丰富的管理实战经验，并长期从事企业领导培训工作。在本书中，作者将从各方面为读者介绍何谓追随力、追随力能够给企业带来的益处、企业家应该从何处着手建立追随力以及建立追随力时应该注意到的一些问题，希望能够为各位企业家排忧解难。

作　者：周子人

定　价：35.00 元

出版社：中国财富出版社

《管理者自我修炼》内容简介

管理才能不是天生的，需要不断地在工作中磨炼。优秀的管理者应该可以驾驭任何员工，因此，管理者应该从自身出发，找出自己的不足之处，不断修炼自己，提升自己的领导力。本书为管理者解读管理工作的真谛，助力管理者自我修炼。

作　者：杨平

定　价：35.00 元

出版社：中国财富出版社

《领导角色与艺术》内容简介

本书针对现实中领导者的角色“错位现象”，分析了领导者为什么要进行角色管理、如何成功实现领导角色的转变，以及如何成为一名成功的领导者等问题，并总结了领导者的七大角色，为领导者进行角色管理提供参考。通过阅读本书，相信广大领导者可以更好地认识自己，知道身为领导者应该做什么、怎么做，从而更好地扮演自己的领导角色。

QIYE CHENGZHANGLI SHUJIA
企业成长力书架
助力企业成长

中国财富出版社
北京联大文化
联合出品

作　者： 吴群学　　**定　价：** 35.00 元

出版社： 中国财富出版社

《管理就这几招》（第二版）内容简介

本书第一版在持续两年的热销之后，作者吸取了很多专家的建议和企业一线的管理经验，隆重推出了第二版。全书在第一版角色管理、目标管理、团队管理和自我管理的主体框架不变的基础上，对部分管理经验和方法进行了补充和完善，使之更贴近企业实际，更顺应时代赋予管理的各项职能，简单实用。

作　者： 吴东

定　价： 32.00 元

出版社： 中国财富出版社

《九型人格与卓越销售力》内容简介

本书依据“九型人格”理论，将销售人员遇到的顾客分为九种不同的类型，通过探讨每种类型顾客各自的优势和弱势，分析他们在购买商品与谈判中的“心理弱点”。最终，教会销售人员如何牢牢抓住顾客的心理弱点、掌握他们的思维方式、学会与他们的对话技巧，以此提高销售技能，卖出更多的产品。

作　者： 高乃龙

定　价： 32.00 元

出版社： 中国财富出版社

《夹缝中的利润：小微企业的生存赢利之道》内容简介

和世界 500 强相比，中国企业是小微企业；和中国 500 强相比，中小企业是小微企业。我国的小微企业是解决就业问题的主要力量，但小微企业的发展却面临困难。本书是帮助小微企业突破自身困境的第一本实战书籍，书中结合企业案例现身说法，通过独到的分析、有效的定位和精准的策略，最终帮助小微企业实现可持续发展。

作　者： 高子馨

定　价： 32.00 元

出版社： 中国财富出版社

《形象决定身价：职场人全方位获得成功的 6 个魔法》内容简介

你一定羡慕过那些商界、政界精英们翩翩的风度；你一定渴望着在别人面前表现得潇洒自如。个人形象是个人竞争的软实力，纵然你有很高的学历，纵然你经验丰富，如果没有良好的个人形象，你也很难取得成功。本书从什么是个人形象出发，通过生动形象的事例论述，专业权威的建议提示，帮助你一步步提升个人形象和气质。相信你能够在书中找到你尚未成功的原因，也能够找到通向成功的捷径。

QIYE CHENGZHANGLI SHUJIA
企业成长力书架
助力企业成长

中国财富出版社
北京联大文化 联合出品

作　者：付述信　　**定　价：**32.00 元
出版社：中国财富出版社

《职业化团队五项管理》内容简介

本书从五个方面阐述了打造职业化团队的管理方法：目标管理、团队精神管理、执行力管理、责任管理、结果管理，以此对团队运营和团队成员的能力提出要求。全书的内容是以经典的案例开篇，使每一个读者可以从故事中领略到管理的奥妙，经过对案例的分析，给出最恰当的管理方法。用最浅显易懂的语言概括出了管理团队的精髓，旨在让每一个读者明白，打造职业化团队并不是深不可测的。

作　者：刘逸舟
定　价：35.00 元
出版社：中国财富出版社

《说服的力量》内容简介

是否具备说服的能力决定了你生活的顺利程度、决定了你事业上的发展、决定了你是否是个具备影响力的人，甚至决定了你能否掌控自己的人生。掌握了说服力的人，能够使他人遵从自己的意愿，能够使他人自愿地帮助自己，能够把陌生人变成好友，把冲突化解为无形，使家庭中的关系更加和谐。

本书全面揭晓说服中的奥秘，通过专业的分析与归纳，帮助你建立自己强大的说服力和影响力，使你避免在人群中人云亦云、随波逐流！

作　者：刘星
定　价：32.00 元
出版社：中国财富出版社

《职场 360 度沟通：职场人交流得力的完全沟通术》内容简介

人脉是成功的关键。那么，这人脉从哪里来呢？需要你去开发、去构建，方法就是发挥自己的心思，抓住遇到的每一个人，去好好地沟通、交往。良好的人际交往能力是形成雄厚人脉资源的不可缺少的要素。本书即讲述了各种最适合职场达人或菜鸟们学习、运用的沟通技巧，掌握这些沟通技巧，即会成为打遍职场无敌手的精英高手。从现在开始，努力修养自己的沟通能力，成为战无不胜、可以搞定任何人的职场达人吧。

作　者：蒋巍巍
定　价：32.00 元
出版社：中国财富出版社

《冲突管理：化冲突为转机的 9 个步骤》内容简介

现代商业社会竞争日益激烈，企业稳定的重要性不言而喻。不管什么样的企业，都应当及时处理冲突，不让冲突激化，才能有更多的精力提升核心竞争力，从商业大潮中脱颖而出，走上成功的巅峰。在这本书里，我们将为管理者带来全新的思路和手段，从冲突的源头，到冲突的结果，一一为管理者详细解读，彻底解决“冲突到底要怎么管”这一职场难题。

QIYE CHENGZHANGLI SHUJIA
企业成长力书架
助 力 企 业 成 长

中国财富出版社
北京联大文化 联合出品

作 者： 潘永德　　**定 价：** 26.00 元

出版社： 中国财富出版社

《藏在口中的财富》内容简介

好的口才有着不可估量的价值，是每个人都需要的生存技能，从工作中的求职升迁，到生活中的恋爱婚姻，从人际交往中的说话办事，到事业中的营销谈判，事事离不开口才。

好的口才能使你受益一生，本书正是一本实用口才技巧训练手册，从改善说话声音、表情动作、表达策略等方面重新训练你的口才能力，同时针对生活中与你关系最密切的说话场合，教授你最实用的口才技巧，让你突破语言的障碍，轻松应对各种语言场合！

作 者： 龚光鹤

定 价： 35.00 元

出版社： 中国物资出版社

《领导应该这样当》内容简介

领导是一种经验，领导是一种智慧。本书凝结作者投资大脑近百万的学习精华，巧妙地结合了现代企业快速发展的案例，综合分析了团队建设、投资技巧、建立人脉等领导技能的最新进展，分享了成为优秀领导者的秘诀。通过理论与实践充分结合，将本书打造成提高领导力的终极法则。

作 者： 匡晔

定 价： 32.00 元

出版社： 中国物资出版社

《这样销售最高效》内容简介

销售工作可谓“成也在人，败也在人”，而这个“人”就是销售人员。销售人员是市场销售战略的“先知者”，不仅带领着企业拨开销售的层层迷雾，更为重要的是能够发现销售的真谛。本书把销售实战和理论联系起来，使销售人员能够在赢得客户的过程中充分理解销售理论，从而积累深厚的理论素养，指导实际的销售工作。

作 者： 朱广力

定 价： 32.00 元

出版社： 中国物资出版社

《金牌销售不可不知的 9 大沟通术》内容简介

你是否为自己满腔热情的介绍，客户却无动于衷而烦恼？你是否为自己坚持不懈的努力，产品却无人问津而神伤？你是否为自己勤勤恳恳地工作，业绩却无法攀升而无措？金牌销售的成功战术究竟为何？本书通过分析 9 大沟通战术，结合具体的案例，揭示了成为一名金牌销售的秘密所在。

助 力 企 业 成 长

中国财富出版社
北京联大文化 联合出品

作　者：吴群学　　**定　价：**32.00 元

出版社：中国物资出版社

《学规则　融团队》内容简介

当你进入一个团队，而自己又不能改变团队的规则，学习和适应规则就成为你进入团队的必修课。记住：学习规则，融入团队，你才能快速地进入职场人的角色。

团队内部的一切问题都来源于规则问题。认识规则、把握规则、利用规则，最终同规则融为一体，才能在职场生存并不断前进。本书将告诉你后 80、90 后职场人快速成长的法则！

职场就是：学规则、用规则、造规则！团队就是：先融入、再切入、后深入！

作　者：蒋巍巍

定　价：32.00 元

出版社：中国物资出版社

《左右逢源：职场人际关系的 9 堂课》内容简介

在职场上，你是否会担心孤立无援？是否会羡慕那些在人际关系上有特别天赋的人？是否希望为自己赢来良好的人际关系？职场成功又该如何界定？本书从职场里的一个个鲜活案例入手，生动地展示了职场中的沟通技巧，让你学会在职场中左右逢源，用人际打开晋升之门。

作　者：于飞

定　价：35.00 元

出版社：中国物资出版社

《向大客户要业绩》内容简介

抓住大客户，就抓住了大订单，抓住了高业绩，抓住了职场前景。所以，抓住大客户是每个销售人员的目标。然而要如何抓住大客户呢？这就是本书的价值所在。应对大客户的方方面面都需要更巧妙的技巧和方法，本书从 20/80 法则入手，帮助销售人员降低在销售工作中的成本投入，并提高能效产出，让销售人员掌握搞定大客户的技巧，在最短的时间拿下最大的订单。

作　者：马斐

定　价：32.00 元

出版社：中国物资出版社

《口碑载道：无本万利的营销方式》内容简介

对于所有企业的市场营销人员或是管理者来说，关注品牌形象和品牌发展，不如先好好了解一下如何做好口碑，这里面的门道究竟几何。本书从各大品牌口碑营销的经典案例着手，透析各家口碑营销之道，从中总结经验和技巧，提示企业市场营销人员及管理者，口碑营销是一门科学，必须认真学习和把握。

QIYE CHENGZHANGLI SHUJIA
企业成长力书架
助力企业成长

中国财富出版社
北京联大文化 联合出品

作　者：袁一峰　　**定　价：**32.00 元
出版社：中国物资出版社

《卓越从敬业开始》内容简介

爱一行才能干一行，专一行才能精一行。懂得敬业的人生是充实、美丽而快乐的，也唯有如此，才能真正脚踏实地、一步步走向卓越，成为一名卓有成效的员工。本书的出发点就在于让长期停滞不前的职场人士迅速找到桎梏自己职场步伐的原因；牢牢把握鞭策自己敬业而需掌握的心理；轻松学会被细化的、实践性极强的敬业“守则”，最终达到成就卓越的目的。

作　者：吴群学
定　价：32.00 元
出版社：中国物资出版社

《管理就这几招》内容简介

管理说难也难，说简单也简单。本书告诉你，只要掌握4招，就能将管理化繁为简，轻松搞定各种企业的各种管理难题。全书以“理论＋实践”的板块构造为你呈现了企业管理者这一特殊角色所应该具备的各种能力、工作方法和技巧。因此，这是一本现代管理领域的实用之作。

作　者：王占坡
定　价：32.00 元
出版社：中国物资出版社

《万金一线牵》内容简介

与客户打着电话开怀畅谈，没有紧张的开场白，没有局促的自我介绍，气氛和谐又温馨，订单随着电话的结束而落下了成功的定音……这就是电话销售。可能吗？请你不要怀疑这样的场景，因为它真实地发生在我们身边。怎么办到呢？秘诀就在你手中的这本书中。

作　者：马斐
定　价：32.00 元
出版社：中国物资出版社

《赢在谈判》内容简介

我们现在所生活的时代是一个随时随地都可能需要谈判的时代，特别是销售人员更是需要用日复一日的谈判来为自己赢得订单、提高业绩、提高收入、表现能力，令上级刮目相看，得到晋升的机会。本书就是力求让每一位“力拼业绩”、想要在工作中扶摇直上的有志之士可以成为谈判高手，为自己、为公司争取更多的利益。因此，本书是你谈判桌上一本智囊宝典。

助 力 企 业 成 长

中国财富出版社
北京联大文化 联合出品

作　者：马斐　　**定　价：**32.00 元

出版社：中国物资出版社

《拿下大客户》内容简介

企业的大多数利润是靠 20% 的大客户来赚取的。一个企业要发展，就需要有相当的利润作支持，而大客户是企业的利润源泉，生存和发展的助推器。如何获得大客户的签单？如何有效应对大客户的各种要求与质疑？请你不要着急，因为你手里的这本书已经为你考虑到了，并提出了相应的解决方案供你参考。

作　者：覃曦

定　价：32.00 元

出版社：中国物资出版社

《服务制胜》内容简介

服务是一个长期工程，不能掉以轻心，也不能因循守旧，我们必须时时刻刻为客户着想，发自内心地为客户服务，真诚地为客户解决问题，注意细节，勇于创新，给客户提供最周到的服务。

本书分节介绍了各种服务法则，详细地帮助你解决服务过程的种种困扰，让你学会怎样达到客户的要求。

作　者：向成学

定　价：32.00 元

出版社：中国物资出版社

《成交从异议开始》内容简介

本书专门针对客户常提出的各式各样的异议提供有效处理的策略与方法。书中列举了大量的销售案例，并大多以情景模式展开，目的便是更好地通过情景模拟来诠释异议处理的策略精髓。如果你还在为客户所提出的各式各样，甚至是千奇百怪的异议、意见、问题而感到头疼，或者说备受困扰，迫切地想要找到解决方法，那么，本书将为你结束困扰。

作　者：曾展乐

定　价：32.00 元

出版社：中国物资出版社

《成交赢在心态》内容简介

心态是一个人一切言行的控制按钮，这个按钮决定着你生活中的一切。你的心有多高，你就能飞多高。只要拥有自己坚定的信念，不管在什么时候也不会被挫折打倒，你不再是一个弱者，而是一个能够改变自己生活的强者。

让你一步步改变自己的生活，让你成为销售中的强者，看本书怎样为你解答，相信你的选择，一定不会让你失望的。

QIYE CHENGZHANGLI SHUJIA
企业成长力书架
助力企业成长

中国财富出版社
北京联大文化
联合出品

作　者： 张野　　**定　价：** 32.00 元
出版社： 中国物资出版社

《成交无限》内容简介

销售员在与客户沟通的过程中，80% 的客户或多或少会感到一些反感，这些反感有时会以某种形式表现出来，有时也会隐藏在客户的心里，成为与客户沟通过程中的最大屏障。那么，是什么原因引起的这种情况呢？面对这种情况该怎么处理呢？相信这本书的 55 个技巧对于需要与客户沟通的人将会非常有用，它对于我们与客户将是一个全新的桥梁。

作　者： 姜登波　李华
定　价： 32.00 元
出版社： 中国物资出版社

《赢在管理》内容简介

本书通过对企业管理深入地剖析、分解，找出企业管理误区，并针对企业管理容易疏漏的地方进行填补，是每个企业管理人员手中的指南针，能够帮助迷途创业的人员找到扎营的地点。书内所阐述的问题新锐、真实，解决方法快速、简便，是现代企业领导者所不能缺少的良师益友，能够教导企业领导者如何做"泥菩萨过河，有招可取"的智人。

作　者： 文征
定　价： 28.00 元
出版社： 中国物资出版社

《做世界上最优秀的员工》内容简介

世界 500 强企业集聚了世界上最优秀的人才。你想成为世界 500 强企业中的一员吗？你想知道世界 500 强企业最欢迎什么样的员工吗？你想知道为什么有的员工能够进入世界 500 强企业，甚至会经常受到众多世界 500 强企业的高薪聘请吗？那么，请看本书为您提供的这 7 种工作习惯，它将为您搭建登上世界 500 强这一豪华巨轮的台阶。

作　者： 邹金宏
定　价： 32.00 元
出版社： 中国物资出版社

《麦当劳成功的启示》内容简介

麦当劳是世界 500 强企业之一，有超过一百万的员工，已经在全球 121 个国家设有超过 31000 家快餐店。麦当劳是一个企业，也是一个王国，一个跨区域的王国。是什么原因让麦当劳如此庞大？如此成功？如此奇迹？它到底运用了什么方法？ 本书通过最真实的笔触，为你提供很多麦当劳成功的智慧和秘诀，使你从中获得有益的知识、借鉴和启发。

助 力 企 业 成 长

中国财富出版社
北京联大文化 联合出品

作　者： 周锡冰　　**定　价：** 18.00 元

出版社： 中国物资出版社

《新员工要懂得的处世心理学》内容简介

新员工大多是在狂涛骇浪里的职场小人物，想要在如今环境糟糕、恶劣的职场上平步青云、如鱼得水，就必须懂得职场的潜规则。本书以大量案例生动地介绍了新员工必须研修的 25 堂职场课程。然而，本书的目的不是描写 25 个职场潜规则，而是为新员工开辟一个顺利的职场人生。

作　者： 李华

定　价： 35.00 元

出版社： 中国物资出版社

《三分管理七分领导》内容简介

企业的高度不是来源于管理，也不是来源于高效的执行力，而是来源于领导。卓越的领导，决定着企业无限的发展潜力。

21 世纪的领导力不仅仅是领导的方法和技能，也不仅仅适用于领导者，它是我们每个人都应该具备或实践的一种优雅而精妙的艺术。如果你想摆脱刻板的管理者形象，成为一个形象鲜活、拥有更多追随者的魅力领导，请你将本书作为你的智囊宝典。

作　者： 李华

定　价： 32.00 元

出版社： 中国物资出版社

《三分策略七分执行》内容简介

市场上琳琅满目的执行力图书常销不衰，再一次印证了执行力的课题引起了企业主和从业人员的高度关注，甚至可以说，一个企业是否高效，取决于企业团队执行力的强弱。

如果你是一个企业的中层管理者，而且想提高执行力这一决定职场成败最核心的技能，同时，在不断追求卓越，有加薪升职的愿景，那么，请你阅读本书的观点并实践相应的技能。

作　者： 李华

定　价： 29.80 元

出版社： 中国物资出版社

《三分管人　七分选人》内容简介

从某种意义上来说，企业的竞争就是人才的竞争。作为企业“伯乐”的人力资源经理，如何为企业招聘到像“千里马”般优秀的员工，为企业不断发展适时提供有效的人力资源，已经成为衡量一个人力资源经理是否优秀的核心标准。

本书是专为人力资源经理量身打造的图书，通过学习本书介绍的经验和技巧，你会熟悉并掌握所有管人、选人的全部流程和方法。

QIYE CHENGZHANGLI SHUJIA
企业成长力书架
助 力 企 业 成 长

中国财富出版社
北京联大文化 联合出品

作　者：王一恒　　**定　价：**29.80 元

出版社：中国物资出版社

《这样沟通最有效》内容简介

在与人沟通时，需多留心一下沟通技巧。对于管理者来说，掌握全方位沟通技巧就成了必修课。

本书通过轻松幽默的语言、丰富的故事，将沟通能力细化为 13 个方面，提供了一整套即学即用的管理沟通技巧。全书包括表达、倾听、反馈、批评、赞扬、说服、处理冲突、不同场合、不同对象、不同渠道等沟通技巧，教你如何选择恰当的沟通渠道和沟通方法，怎样依据沟通对象的性格类型选择沟通策略。

本书提供的全方位沟通技巧，既能让你与不同性格的下属进行有效沟通，又能确保你沟通的高效。

作　者：管永胜

定　价：42.00 元

出版社：中国物资出版社

《网络营销的6个关键策略》内容简介

本书作者曾任紫博蓝大客户总监，慧聪网产品总监，网罗天下广告媒介总监，《宠物世界》杂志社运营总监。

众所周知，网络已经渗透到我们工作、生活的方方面面，所以无论你作为一个企业主或从事营销相关的工作者，如果不懂得网络营销，我可以很肯定地告诉你：你失去的将是一个时代！基于此，管永胜通过十多年从事网络营销的经验和潜心研究，提出了从“网络营销”到“网络赢销”的新模式——AISCAS 模式！这一模式的提出将为你实现“网络赢销”提供新的启示。

作　者：吴永生

定　价：26.00 元

出版社：中国物资出版社

《这样授权最有效》内容简介

只有授权，才能让权力随着责任者；只有权、责对应，才能保证责任者有效地实现目标。授权不仅能调动下属积极性，也是提高下属能力的途径。

管理者一定要明白：自己的双眼永远要比双手做的事多。

本书立足于中国人思维模式，汲取西方之精华，注重实操性，让管理者即学即用。

作　者：李金玉

定　价：36.00 元

出版社：中国物资出版社

《激活你的团队》内容简介

员工激励是企业的永恒话题，更是企业长盛不衰的法宝。激励的技巧像一团云雾，很难掌握。同一个人，以同样的语速，对不同的人说同样的话，产生的影响可能是不同的。本书中，我们从 14 个方面对激励的技巧进行了全面的剖析，并且针对不同的人和企业设计了个性化的激励方案，希望能通过这些激励的技巧给企业的管理者一些启示。

助 力 企 业 成 长

中国财富出版社
北 京 联 大 文 化 联合出品

作　者：王桂玲　李华　**定　价：**16.00 元
出版社：中国物资出版社

《优秀员工的 8 项修炼》内容简介

今天的成就是昨天的积累，明天的成功则依赖于今天的努力。把工作和自己的职业生涯联系起来，对自己的未来负责，学会容忍工作中的单调和压力，认识到自己所从事工作的意义和价值，就会从工作中获得成就。

作　者：梁慧
定　价：26.00 元
出版社：中国物资出版社

《品牌营销 8 大实战攻略》内容简介

无论在世界哪个角落，这些品牌都是那么的成功。他们用看似和您相同的营销方法，轻而易举地赢得了整个世界的欢迎。

这些品牌为什么能取得成功呢？这是因为他们采用了成功的品牌营销策略，品牌的成功与成功的品牌营销是分不开的。品牌营销，一个让人寄予希望的名词。可以说，成功的品牌营销策略，就是企业赢得竞争的一柄利剑。在市场竞争日益激烈的今天，如何“活学活用”这些成功企业的“不传之密”，如何在市场竞争或营销中将此剑挥洒至极佳境界，是每一个企业所迫切希望学到的。

作　者：龚俊
定　价：20.00 元
出版社：中国物资出版社

《工作无小事》内容简介

小事是过程，大事是结果。大是由小演变而来的。如果一个人一屋都不能扫，谈何扫天下。在工作中，我们只能用 100% 的激情去做 1% 的事，才能成就大事，切记，1% 的失误带来的是 100% 的失败。

作　者：张伽豪
定　价：18.00 元
出版社：中国物资出版社

《你在为谁工作》内容简介

在工作中，不管做任何事，都应将心态回归到零：把自己放空，抱着学习的态度，将每一次任务都视为一个新的开始、一段新的体验、一扇通往成功的机会之门。千万不要视工作如鸡肋，食之无味、弃之可惜，结果做得心不甘情不愿，于公于私都没有裨益。

你还是在不快乐地工作着吗？

打开这本书，让它告诉你工作的意义是什么，帮你找到工作的动力，从而带领你感受工作的乐趣所在！